打造財富方舟

疫情衝擊後的世界經濟脈動全面解析，把握關鍵機遇，你就是贏家！

詹姆斯．瑞卡茲──著
吳國卿──譯

The New Great Depression

Winners and Losers in a Post-pandemic World

by James Rickards

寫給那些曾因新病毒而受苦難者，和那些正在受苦難者與他們的家人，以及那些正在因新經濟大蕭條而受苦難的人。也為了紀念總是充滿自信的莎拉·黎士利（Sara Lesley）。

接著，我看見天上有另一個大而奇妙的徵兆：有七位天使帶著最後的七樣災害，因為神的憤怒就在這些災害中完結了。

——〈啟示錄〉第十五章第一節

目次

推薦序

非主流經濟學的新書新智慧

中信金融管理學院講座教授／臺灣大學經濟系名譽教授
林建甫

二〇二〇年二月起美國受到疫情肆虐，詹姆斯．瑞卡茲很快地在二〇二一年的一月就出版新書《打造財富方舟》的英文版，佳評如潮，登上不少暢銷書的排行榜前幾名。千呼萬喚，中文版終於要出來了，很高興有這個機會再為瑞卡茲的新書寫序。

瑞卡茲的書都充滿著智慧。令人佩服的是他對新議題廣泛地蒐集資料，消化之後，結合他自己的思想體系，成一家之言。為了解病毒及經濟新情勢，他在寫書做研究時，閱讀了數十篇探究流行病學和經濟學的同儕審查後論文。而且他寫文章功力非常高，常旁徵博引，例如本書大量討論西班牙流感的影響，尤其引波特的小說《蒼白的馬，蒼白的騎士》來對比疫情慘狀；其他如章節起頭小段文萃的威爾斯小說《世界大戰》、卡謬的《瘟疫》……，以及文中〈啟示錄〉的末日四騎士的佳句。這些的引經據典，讓妙筆生花，因此本新書讀來就興味盎然。

瑞卡茲他大學讀的是約翰霍普金斯大學，之後是該校在華盛頓ＤＣ，School of Advanced International Studies（ＳＡＩＳ）的國際經濟碩士，工作一段時間後，又讀了賓州大學的學士後法律學位ＪＤ（Juris Doctor），紐約大學的法律碩士ＬＬＭ（Master of Law）。他在銀行及避險基金工作很久，也經常在媒體上發表評論。所以在維基百科上，他的介紹一開始寫的是美國律師、演講家、媒體評論員，也是金融和貴金屬事務的作家。很難得的是，他曾直接參與許多重大金融事件，包括一九八五年伊朗釋放美國人質，以及一九八八年避險基金長期資本管理公司（ＬＴＣＭ）倒閉時，擔任政府救援計畫主要談判者；他也幫助美國中情局做內線交易的調查，以及美國政府的投審會審議外國人投資。二〇〇一年以後，他貢獻金融專長協助美國國防部，提供國際經濟與金融威脅的相關建議，也協助籌劃金融戰爭演習。瑞卡茲的經歷豐富，所以寫出的論點又有理論又很接地氣。

他書中論證這次疫情衝擊造成的是大蕭條而不僅僅是衰退，是很有說服力的。股市從二〇二〇年二月十二日出現的道瓊指數歷史高點二九五五〇點，到三月二十三日的波段低點一八五九一點，歷時僅六周，跌幅高達三七％。這是史無前例的大崩盤，歷來最長的多頭市場已死，而引起的失業在三月一日到十月一日間超過六千萬名。因此他下筆寫道：「蕭條不只是統計數字。蕭條是失業和擔心沒有錢繳房租、買餐桌上的食物、尋求醫療照護，和讓孩子受良好教育等個人創傷的可計算總和。失業不只影響你的薪水支票，它們還影響尊嚴、自信和未來的前景。而且蕭條不只是失業。企業遭到摧毀，運氣好的話是虧損。漣漪效應擴大到社區和整個城市。蕭條的衝擊很深，且持續很久；它們可能跨越世代，正如第一次大蕭條的情況。」從這裡可以感受到他的心急與難過。準此，他反對防疫專家大規模的封城與鎖國。因為經濟閉鎖造成的蕭條，成本巨大。

不過，市場變化太快，經濟訊息排山倒海的來，當時在疫情中心的美國陷入恐慌與通縮，這也是川普連任失敗的主因。可是今年以來，疫苗橫空出世，最近美國的大問題已經是通膨而不是通縮。形成通膨的過程是個完美的風暴，一方面由於財政政策大規模向中低收入家庭發錢的刺激於需求面發酵，且今年以來經濟復甦，需求旺盛，加上斷鏈及塞港的問題，自然產生供給短缺，物價上漲。能源、食品、二手車價格、房屋租金增長最多。而供應鏈瓶頸引發的商品和服務成本上升，以及就業市場緊俏下的工資上漲，更是有可能導引通膨的「自我實現」。因此書上的第六章〈後瘟疫世界的投資〉可能要改寫，但是讀者也不用覺得他看走眼，因為萬一再發生重大的利空事件，例如疫情再度因新的變種病毒失控、大天災或地緣政治風險擦槍走火時，誠如新書第五章講的〈文明的虛有其表〉，還是有可能再回到悲觀的世界，那第六章的投資建議還是會很有用。

瑞卡茲自認師承索馬里博士，使用貝氏統計學（Bayesian statistics）中最重要的「貝氏定理」來分析。他認為索馬里的分析方法完全被主流經濟學所忽視，索馬里才是二十世紀最偉大經濟學家。他的研究方法是結合病因學、心理學、複雜學、歷史學及統計學，來分析與推測經濟金融危機及崩潰點。索馬里的老師是奧地利學派的始祖孟格（Carl Merger），他的同學是熊彼得（Joseph A. Schumpeter），他們彼此都互相影響。

索馬里被稱為蘇黎世渡鴉（The Raven of Zurich，渡鴉喻為智者）。因為他拿博士工作後幾年已經被當代公認是貨幣專家，經常被各國央行徵詢有關貨幣政策的意見。而且索馬里分析金融問題，可以預見金融崩壞與災難，也精確地警告通貨亂象的後果。例如，索馬里以他參與桑賈克鐵路聯貸事件的過程，準確預測到多年後的第一次世界大戰。

瑞卡茲不凡的經歷及師承索馬里的分析，對主流經濟學也毫不留情地批判。他認為經濟學是科學，但大多數經濟學家不是科學家。經濟學家的行為像政客、布道家或宣傳家，他們抱殘守缺，不肯接受新觀念，忽視不符合他們樣板的證據。而且受他們訓練的子弟佔據了央行和財政部等具有很大影響力的職位，他們使用過時的理論不僅影響學術，也摧毀國家的財富。這些批判也一針見血地點出主流經濟學界對現實的無力感。

所以瑞卡茲的觀點就很獨特、言之有物，寫出來的書就引人入勝。總之，瑞卡茲是個怪咖。在這個時代，他的書含金量很高，令人腦洞大開，讀他的書真的會帶給讀者很大的衝擊與收穫。

推薦序

為自己建立理財方舟，打好這場精彩詭譎的牌局

中信金融管理學院校長／金融研究所教授
施光訓

或許你正在訝異電視螢幕上的舊金山二十五車八十人百貨公司搶案，不用懷疑，這是最真實的疫情衝擊後遺症！新冠疫情是百年一遇的關鍵機遇，這本新書是最貼近美國疫情現場的實況報導，作者解析後疫情世界的經濟脈動，引導中產階級打造自己的財富方舟。

本書作者瑞卡茲從金融量化的經濟觀點和身受其害的個人視角，詳細解析疫情演化而來的新經濟大蕭條。在美國，雖然復甦已經開始，但對受害最深的低所得美國人來說，這個過程將很漫長、遲緩且辛苦。聯邦準備理事會（Fed）的三兆美元貨幣和國會的四兆美元赤字支出，還是無法救治蕭條困境，因為印鈔票和巨額支出雖可能有助維持經濟運行，但這些政策不能與「刺激措施」相混淆。作者憂心，美國經濟與社會運作已經超過政府各項措施可以挽

救的時點，並且疫情或經濟蕭條可能不是我們可預期的最糟結果。實際上，我們已經可以看到國際間許多社會脫序情況在每個角落持續發生，人類文明的外衣像一張薄紙，這張薄紙已經出現裂縫或被撕破，任何蝴蝶效應都將引發風暴。

費雪（Fisher）在一九二九年華爾街股災與經濟大蕭條後，提出「債務通貨緊縮」（debt deflation）的理論，認為經濟蕭條肇因於通貨緊縮（市場上流通的貨幣數量巨幅下降），相對使整體債務實際價值上升，導致人們拖欠貸款，造成違約和抵押品價值下降，使銀行資產縮水，迫使金融體系出現資不抵債的情形，進而系統性積極收縮放貸，最終導致螺旋性的經濟緊縮現象。

費雪認為讓「價格」回到通縮前的水準，「通貨再膨脹」是解決債務通縮的方法。這邊講的價格，比較傾向實質資產的價格，例如土地、廠房、設備。柏南奇（Bernanke）等後起的經濟學者不認為僅通貨再膨脹就能解決問題，他們主張以「製造通膨進行債務減免」、「財政刺激」等兩種方案。最終柏南奇主導美國金融體系，將金融資產的價格推升到史無前例的新高點，「順利帶動」美國經濟「脫離」金融海嘯的損害泥沼，成為當前世界經濟成長的主引擎。

瑞卡茲是美國知名的投資及法務專家，這本新書從紐約疫情地獄的現場出發，探討人們身處疫情時期的絕望感，與執政者在危機當頭表現的決策無力與脆弱徬徨。作者從債務和通貨緊縮導致復甦出軌的角度，探討疫情如何打亂費雪乃至柏南奇等經濟學者在金融海嘯後所擘劃的復甦軌道，並對憂心未來財富縮水的中產階級提出疫後理財規劃的建議。

疫情的演化讓我們正經歷一個遠超過技術性衰退的「新蕭條」，蕭條的生產和就業數字固然重要，但是人們「心理特性的機轉」造成行為的永久改變，可能永久改變經濟數字的意涵。疫情終將結束，隨著經濟活動的恢復，動力將自一個扭曲壓抑的水準重新起動，或因執政者對於「清零」的執著，實體經濟活動更可能反覆於重啟與壓抑之間的反覆蹂躪。可以確知的是，疫前的實體經濟水準將需要幾年的時間才能恢復，但真實結構卻產生永久性改變，許多崗位已經永遠消失。

或許美國的失業率將開始下跌，但將持續處於相對較高的水準，數以百萬計的勞工未來幾年生活仍將備感困頓。在數字之外，行為將發生根本改變，並將進而跨越世代，美國人「像美好的昔日」那樣借貸消費的時代已經結束，人們將開始減少花費和增加儲蓄，美好的昔日已經結束。

自二〇〇八年金融海嘯後，美國政府主導的量化寬鬆（Quantitative easing，QE）「製造通膨」、「財政刺激」，金融市場更是在世人的驚奇中連年屢創新高，重新成為帶動全球經濟成長的主引擎。然而大量印（美）鈔後的外溢效果，卻將扮演全球工廠角色的中國，逐步推向《廣場協議》後日本長期衰退的危險邊緣。中國自二〇〇八年金融海嘯後的經濟思潮，不外於「貨幣戰爭」與「貿易戰」，政府面對短暫經濟停滯的對策，是因應人口大量湧入城市，擴大提供「都市化」的住房需求，變相把房地產市場導成類歐美金融市場的交易熱區與風險破口。疫情後的經濟發展必將影響實質消費與就業，以中國的經濟規模而言，絕對生存無虞，但是民間經濟必然面臨長時間的衰退與市場調整，加上美國號召的貿易抵制，將對全球經濟運作模式產生結構性的改變。

台灣是一個驚奇之地！疫情這個歷史的機遇，又將台灣帶回世界的焦點。我們已經看到外流中國的資金與探險家，正積極有序地重返家鄉，曾是「Republic of Casino」的台灣，遍嘗投機交易的苦果，如今上市公司股票殖利率全球第一，金融韌性已與國際標準接軌。二十年的產業與人才外流，淬鍊出高科技與製造業的多項隱形冠軍，新台幣匯率近期更屢創全球最強。我們將在未來十年親眼目睹代表虛擬經濟主帥的美國，與實體生產巨擘的中國兩強搏弈，也將利用疫情切牌（cut the deck）的契機，為自己建立理財方舟，打完這場精彩詭譎的牌局。

前言

從歷史經驗看，瘟疫迫使人類與過去斷離並重新想像他們的世界。新的世界並沒有不同。它是個入口，是一個世界與下個世界的門戶。[1]

——巴羅伊（Arundhati Roy），《金融時報》
（*Financial Times*），2020年3月4日

要回到正常將很難，特別是現在我們不斷被告知已無法回到正常。[2]

——絲薇佛（Lionel Shriver），《斯皮克德》
（*Spiked*），2020年5月11日

本書討論的內容是一種導致全球蕭條的病毒，更精確地說，是我們對一種導致全球蕭條的病毒的反應。病毒可以導致疾病和瘟疫，但它無法直接導致經濟崩潰，經濟是否崩潰取決於我們自身。

在愈來愈明確地遭到病毒攻擊時，我們會做許多選擇，做這些選擇是根據科學和經濟學的正確、或有時不正確的知識。由於這個病毒是全新的，科學家對其了解不多，因此科學所提供的選擇往往混沌不清和互相矛盾。

說經濟的選擇混沌不清和互相矛盾似乎是多餘的，儘管如此，科學家和經濟學家的行為大多是出於善意，並且總是因為疫情來得十分突然和致命而承受極度的壓力。他們已竭盡所能，面臨當時的情況，我們無法確定更換另一組專家團隊是否就能做得更好。

正如在危機中總是會出現英雄，護理師、醫生和醫院的員工因為新感染案例激增、保護裝備與醫療設備及一些基本藥品的嚴重短缺而不堪重荷。許多人工作到耗竭的程度，部分人受到感染，更有一些人不幸染病過世。當醫院設施短缺或不足時，照顧所愛者的親友也面臨染病的危險，衛生人員洗刷街道和建築物內外以消滅病毒、慈善團體提供飲食給被隔離或封鎖的民眾；陸軍工兵部隊、國民警衛隊和其他軍事單位，也在類似紐約市賈維茨會議中心這種大型公共空間迅速搭起野戰醫院；海關及邊境保衛局官員為入境旅客進行疫情篩檢；海軍派遣兩艘醫療船：仁慈號（USNS Mercy）到洛杉磯、安慰號（USNS Comfort）到紐約市，提供更多重症加護和外科能力給緊繃的醫療系統。全世界都致力於類似的努力，尤其是在疫情慘重的國家，如義大利、西班牙、巴西和英國。還有更多默默付出的無名英雄，他們值得我們感謝和祈禱。

儘管如此，病毒受害者和照護者的犧牲，不應該讓我們忽視一個不同的悲慘來源：新經濟大蕭條。面對瘟疫所採取的政策選擇曾導致史上最嚴重的經濟崩潰，而且這種經濟崩潰也不只發生在美國。這場瘟疫始於中國，受感染人數最多的國家卻是美國——如果中國的數字可以採信的話，雖然這一點很令人懷疑。美國和中國是世界最大的兩個經濟體，生產全球國內生產毛額（GDP）的四〇％。如果把歐洲聯盟（EU）——涵蓋義大利、法國、西班牙和德國等大型經濟體，病毒導致的死亡人數超過十三萬人——視為單一經濟體，並與美國和中國合起來看，受這場瘟疫的封鎖影響的全球生產超過六〇％。

拿二〇〇八年全球金融危機、二〇〇〇年網路泡沫股市崩盤，以及一九九八年的金融恐慌來做比較將無法切中要旨。儘管那三場危機對受影響者來說相當嚴重，但比起我們目前面對的危機卻相對輕微。一九二九到一九四〇年的第一次大蕭條提供了較好的參考框架，但即使是那場大震撼，也無法比擬二〇二〇年發生、和未來將繼續發生的大災難規模。美國股市在大蕭條期間的四年內（一九二九至一九三二年）崩跌了八九．二%。對照之下，在新經濟大蕭條期間的四個月，美國損失的工作就高達六千萬個，而且未來還可能損失更多。

本書是從經濟學的觀點寫作而非病毒學，不過，有許多主題彼此密不可分。討論新經濟大蕭條的書如果不討論新型冠狀病毒（SARS-CoV.2），[3]那就像討論二〇〇五年紐奧良的破壞造成的人命損失而不提到卡翠娜颶風（Hurricane Katrina）。新型冠狀病毒就像是颶風，而蕭條是它帶來的破壞。本書內容將涵蓋兩者。

到底什麼是病毒？科學家還無法確定。他們對病毒已有許多了解，但經過一世紀驚人的科學進步後，醫學界對病毒仍眾說紛紜。[4]正如巴里（John M. Barry）在他的書《大流感》（*The Great Influenza*）裡說的，病毒仍是個謎團：

> 病毒不吃東西或燃燒氧氣來獲取能源，[5]它們不進行任何可以被稱為新陳代謝的程序，它們不會製造廢物、沒有性行為，不管是意外或依照設計，他們都不會產生副產品，它們甚至無法獨立生殖。它們還不能算是完全的有機體，但已超過一個單純無生命的化學分子組合。

重要的是，科學家甚至不確定病毒是不是一種生命形式。有人認為病毒是一種原始的生命形式，而其他較複雜的生命形式是從它演化而來。另一些人認為，病毒是退行演化（devolution）而非演化的結果，亦即病毒有一個先祖，且該先祖是較高的生命形式，然後經過簡化或退行演化到我們今日所見的結果。還有一個觀點是，病毒始於一個活細胞的部分，然後分裂並萌生獨特的屬性，但還未達到完全的有機體，而連病毒是不是活體都還不清楚只是人類與這個微型敵人鬥爭的開端而已。

我們知道的是，病毒是一個複製大師。病毒不是靠自己複製，而是會入侵一個活細胞，接管宿主細胞的能源和去氧核糖核酸（DNA），植入自己的基因（以比起DNA較不複雜的核糖核酸〔RNA〕形式編碼），然後實際上命令宿主細胞複製出成千上萬個病毒。最後細胞壁爆破，複製的病毒大量釋出，然後這個程序持續不斷，規模則愈來愈大，一個病毒蜂群開始出擊。

一個病毒只是一個裡面有基因碼的蛋形鞘，複製的關鍵在於鞘的表面。流感病毒有兩種類型的隆突：第一種是由血球凝集素（H）製造的矛，第二種形狀是由神經胺酸酶（N）製造的刺叢。以巴里的形容，血球凝集素矛「像海盜向一艘船丟擲的爪鉤」那樣與目標細胞接合，然後展開基因入侵。神經胺酸酶的動作像衝撞車，撞破目標細胞表面的唾液酸。當複製的病毒從目標細胞爆出時，通常它們會黏在酸塗層上，並在神經胺酸酶作用下，使該塗層遭到破壞，新病毒就可以任意攻擊其他健康的細胞。

ＨＮ的縮寫，連對流感爆發的一般觀察者來說也很熟悉。科學家已辨識出十八種血球凝集素和九種神經胺酸酶的基本形狀，一九一八年的西班牙流感形態為Ｈ１Ｎ１，一九六八年的香港流感形態為Ｈ３Ｎ２，它們至今都還在流傳。新型冠狀病毒精確的ＨＮ結構還不清楚，所以該病毒的結構和行為仍有待更深入的研究。而該病毒在這場瘟疫的早期就出現如此快速的變異，也使研究它變得格外困難。

蕭條是什麼？經濟學家要回答這個問題，難度不亞於科學家被問及病毒究竟是不是活體。至少科學家仍在嘗試解開這個謎，但經濟學家已放棄「蕭條」（depression）這個概念，並把這個詞逐出他們的辭典。這是經濟學家典型的行為，因為每當面對真實世界的問題時，他們總是把頭埋進沙中；不管如何，蕭條確實存在，我們現在就處於其中。與病毒相同，蕭條會變異和演進，像病毒攻擊健康細胞那樣，準備攻擊健康的經濟體。瘟疫和蕭條都很罕見，想找出具備蕭條動態知識的經濟學家是一大挑戰。蕭條的效應可能極具破壞性，甚至極其致命；正如科學家研發疫苗，經濟學家尋找政策方案以矯治高失業、低產出和世界貿易劇減的經濟症狀。科學家剛開始找不到所有的答案，不過他們有尋找答案的正確方法，但經濟學家沒有。這就是新經濟大蕭條將比瘟疫延續更久，而且將引發更持久的不利影響的原因。

經濟學家對「衰退」（recession）這個詞感覺較能接受。衰退被普遍認為是GDP連續兩季下跌，同時失業率上升的情況。衰退與復甦的判定機構國家經濟研究局（NBER）所採用的正式定義略微複雜些，但「連兩季下跌」是一個不錯的經驗法則。經濟學家認同國家經濟研究局的衰退定義，因為它是客觀且可量化的，所以可以被納入公式中。

蕭條無法通過這些客觀的檢測，它的定義較模糊，包括強大的心理元素，因此無法量化，難以輕易納入公式。蕭條很罕見，所以它們在大多數華爾街的假經濟學家所使用的迴歸與相關性資料時間序列中，並不具有重要性。

即便是使用「蕭條」這個詞的人也往往曲解其意義。許多人假設如果衰退代表連續兩季GDP下跌，那麼蕭條必然牽涉可能是五季或更多季的下跌——換句話說，蕭條只是較長期的衰退。這並不正確。始於一九二九年的第一次大蕭條包含兩個技術性的衰退，第一個衰退從一九二九年八月到一九三三年三月，這段期間GDP減少二六・七％；第二個衰退從一九三七到一九三八年，這段期間GDP減少一八・二％。一九三三到一九三六年是一段強勁成長期，股市在一九三三年上漲六三・七％、一九三四年上漲五・四％、一九三五年上漲三八・五％、一九三六年再漲二四・八％，然後一九三七年才出現第二個衰退，該年股市下跌三

二．八%。儘管如此，從一九二九到一九四〇年整個期間被稱為大蕭條，一九三三到一九三六年的股市上漲，不足以彌補一九二九到一九三二年的下跌。事實上，股市整整等到二十五年後、直到一九五四年才回到一九二九年的高點；失業率從一九三三年高峰的二四．九%下跌，但到一九四一年仍高於一四%。換言之，經濟在一九三三年後開始改善，但就業、生產和股價只恢復到很低的水準，所以即使在開始改善後，經濟仍持續低迷很長一段時間。

類似的模式發生在一八七三到一八九七年這段歷史學家稱為長蕭條（Long Depression）的期間。那段二十四年的蕭條包括六個長短不一的技術性衰退，和三次金融恐慌（一八七三年、一八九三年、一八九六年）。在這些生產減少和金融崩潰期中，曾出現顯著的實質經濟成長和巨大的技術創新。長蕭條期間出現多次金融倒閉事件，包括美國第一家投資銀行傑伊．庫克公司（Jay Cooke & Company），該公司曾在內戰期間提供聯邦融資。這段期間被稱為長蕭條主要不是因為生產減少，而是持續的通貨緊縮提高了實質債務，增加了企業和農業的負擔，這個主題我們將在第四章討論。如果二十四年似乎是一段長蕭條期，那麼想想日本：日本正處於一個始於一九九〇年、持續了三十年的蕭條。

這帶我們來到「蕭條」的真實定義，它不表示持續的生產減少，它代表相對於成長趨勢的成長蕭條（depressed growth）。如果一個經濟體有能力成長三%，卻在一段長時期只成長二%，那表示它出現成長蕭條。蕭條期可能出現成長，正如在擴張期可能出現生產減少。關鍵不在每季的表現，而是相對於潛力的長期趨勢。

凱因斯（John Maynard Keynes）提出蕭條的最佳定義：「一個亞正常活動的慢性情況持續相當長的時期，而沒有任何顯著朝向復甦或朝向完全崩潰的趨勢。」[6]

根據歷史和凱因斯實際的定義，我們現在正經歷一個遠遠超過單純技術性衰退的新蕭條。蕭條的心理特性和數字一樣重要，而生產和就業數字固然重要，但行為改變更重要。隨著成長恢復，動力將始於一個受壓抑的水準，瘟疫前的生產將需要幾年的時間才能恢復。失業率將開始下跌，但仍處於相對的高水準，數以百萬計的勞工未來幾年的生活仍會備感困頓。在數字之外，行為將從根本發生改變，且將跨越世代。儘管白宮鼓勵大家「像美好的昔日」那樣借貸並花錢，人們仍將減少花費和增加儲蓄，過去那種日子已經結束。

病毒仍然是個謎，但科學家正全力研究它；蕭條是很真實的，然而卻被經濟學家忽視。在本書中，我們探究這個謎樣的病毒如何出現，以及我們的反應如何導致一場全球蕭條。我們不能怪罪蕭條的根源是病毒，我們只能怪罪自己對病毒的反應。我們的反應就是蕭條的真實原因，這個結果在病毒受到控制後，仍會持續存在很長一段時間。

關於科學還有一點要說。一些流行病學家和免疫學家抱怨，經濟分析師不應該插手醫學。病毒、流感、疫苗和瘟疫的科學牽涉高度技術性，需要多年專業訓練才能深入堂奧，還需要臨床與實驗室的經驗才能執業。這當然是事實。

但像川普總統的顧問安東尼・佛奇（Anthony Fauci）博士這類免疫學家在涉入公共經濟政策時，卻沒有遵循同樣的禁制。他們宣稱自己只是提出根據事實的建議，讓別人來決定經濟政策。這並非事實。當免疫學家要求世界最大的經濟體執行封鎖以減緩新型冠狀病毒傳播時，他們是在執行歷史上最重大的經濟政策改變。你無法魚與熊掌兼得，免疫學家不能要求從根本上改變美國和全球經濟體──也許持續數十年──同時堅持不讓經濟政策制定者插手免疫學。

在未來的某個時候，二〇二〇年美國經濟的封鎖，將被視為有史以來最嚴重的政策錯誤。損失的財富和所得將以兆美元計，任何拯救的生命或避免的傷害將不足以彌補，因為有同樣有效的政策選項可被採用卻未被嘗試。沒有證據顯示流行病學家在採取強迫六千萬美國人失去工作的政策時，曾考慮到因為藥物、酒精、自殺和絕望而喪失的生命。

從一九六八到一九六九年，A型流感病毒的H3N2肆虐全世界。這個俗稱香港流感的病毒株殺死世界各地的一百多萬人，其中包括逾十萬名美國人。[7] 這是有紀錄以來第三嚴重的流感瘟疫，病死人數僅次於亞洲流感（Asian flu；一九五七至一九五八年）和西班牙流感

（Spanish flu；一九一八至一九二〇年）。知名的死亡者包括前中央情報局（CIA）局長杜勒斯（Allen Dulles）和好萊塢傳奇明星塔盧拉赫・班克黑德（Tallulah Bankhead）、詹森（Lyndon Johnson）總統感染流感但逃過一劫、阿波羅太空人博爾曼（Frank Borman）在外太空流感發作。那是一場凶猛的瘟疫，帶來悲劇性的人命損失，但沒有實施封鎖，美國人仍照常生活。科學家研究疫苗（並在一九六九年八月開發完成），社會大眾仰賴那些科學家。除此之外，日常生活沒有不同，胡士托音樂節在這場瘟疫期間舉行，音樂會上沒有保持任何社交距離。

這並不是說今日不應該採取減緩疫情的措施，我們應該採取措施，但我們也希望封鎖一個二十二兆美元經濟體的免疫學家應該聽聽採取不同觀點的分析師怎麼說。在為本書做研究時，我閱讀了數十篇經同儕審查、探究流行病學和經濟學的論文。任何受過教育的外行人只要願意下功夫了解相關的科學，都有許多管道了解這兩個領域，我不是流行病學家，但我對科學也不畏懼。當然，公共政策和經濟分析才是我最得心應手的領域，但也許約翰霍普金斯大學的兩個學位，足以對有關自然科學的學術焦慮有免疫力。

本書第一章探討新型冠狀病毒起源和新冠病毒瘟疫的科學，第二章敘述全球經濟封鎖的成本和混亂，第三章從量化的觀點和身受其害的個人觀點詳細討論新經濟大蕭條。復甦已經開始，但對受害最深的低所得美國人來說，這個過程將很漫長、遲緩而且辛苦。第四章解釋為什麼聯邦準備系統（Federal Reserve）的三兆美元貨幣和國會的四兆美元赤字支出，無法矯治蕭條。印鈔票和巨額支出可能有助於維持經濟的運行，但這些政策不應與「刺激措施」混淆。美國已經超過刺激措施可以挽救的點，除了一種鮮為人知的政策還有希望。第五章說明瘟疫或經濟蕭條都不是我們可以預期的最糟結果，社會每個角落的脫序情況每天都在發生，文明的外衣像紙一樣薄，而這張紙已被撕破。第六章提供投資人具體的投資策略，以便在瘟疫後的世界持盈保泰。最後的結論描述一種可以拯救經濟的政策，這種政策不被政治人物所了解，而且遭到經濟學家的蔑視；不過，它曾被二十世紀的兩位總統採用，而且兩次都運作良好。如果政策制定者不用這套計畫來拯救經濟，你自己可以用它在瘟疫後的世界保存財富和繼續昌盛。我希望這套計畫獲得它應得的支持，以使經濟景氣和你的投資組合都能興旺成長。

讓我們先從巡視這個慘遭蹂躪的世界開始，且希望到最後可以找到一條邁向更好世界的途徑。

| 第一章 |

新病毒：
從中國到你附近的小鎮

所有真正的科學家都是拓荒者，他們面對的都是未知。即使是其中最沒有雄心大志者，都跨出了已知之外的一步；其中最傑出者，深入一無所知的荒野。[1]

——巴里，《大流感》，2005年

世界正等待源自武漢的病毒終於盛極而衰，但這個期待可能永遠不會實現。

這個病毒經歷正常的突變後可能愈來愈不致命，人口可能透過暴露於病毒和經過一段時間後獲得群體免疫，新治療方法可能紓解最壞的結果和拯救生命。儘管如此，研發疫苗雖非不可能，卻可能需要更久的時間。已知的六種人類冠狀病毒都無法藉由疫苗創造出免疫性。你從媒體聽到的一些神奇藥物可以用來產生免疫力，以避免因病毒而變衰弱的病患遭到其他疾病（例如流感）的攻擊；正在開發的其他藥物可以治療感染病毒引發的症候群、緩解疼痛和挽救生命。這些藥物都已問世，且將協助世界對抗病毒，但它們都無法根絕病毒，而且可能永遠無法根絕，只是與這種隱形攻擊者暫時妥協罷了。

這種病毒就是新型冠狀病毒，即俗稱的新冠病毒。病毒引發的疾病稱為新冠肺炎（COVID-19）。此疾病本身是個謎，一開始出現的症狀輕微得就像一般感冒，患者會咳嗽，略微發燒、頭痛和流鼻水。有些感染病例完全沒有症狀，它來了又走了，在受害者身上沒有留下痕跡，只有能透過事後檢測發現的無形抗體。

但在有些病例中，這種病毒以激烈且可能致命的形式顯現。病患發生因為肺部發炎導致的呼吸困難，肺葉中的微小氣囊充滿體液，讓肺無法把氧氣輸送到血液。實際上染病者正在被自己的體液淹沒，這種徵狀稱為肺水腫。一些患者感覺肺部激烈疼痛，並描述那就像吞嚥碎玻璃。受害者也會遭高燒襲擊。

從這個階段迅速引發多重的併發症。一旦吸入的氧氣量減少，器官衰竭隨之發生，患者可能出現腎衰竭、心臟病發作、血栓、高血壓，或血液中毒導致的敗血症。由於病患十分虛弱，不同的病毒和細菌趁虛而入，引發其他感染，這可能導致流感和細菌性或病毒性的肺炎。這些併發症有的可以單獨治療，然而沒有單一的治療法可以解決整個病症。

在最糟的病例裡，併發症攻擊幾乎所有器官或身體系統，其原因醫界還不了解。一些患者呈現腦部受損和神經系統紊亂，導致認知機能失調或幻覺。嗅覺和味覺喪失很普遍，中風和腸炎也是常見症狀。發高燒、急性呼吸窘迫、多重感染，加上這些症狀同時併發的速度，導致急性病例出現高比率的死亡。

在大量湧入的資訊中——有些是專家資訊、有些則缺乏根據——有兩個重點很清楚：新冠肺炎不是流感，也不是肺炎。流感和肺炎這兩種不同的病症可能攻擊新冠肺炎患者，它們可能致命，尤其是與其他新冠肺炎併發症同時攻擊病患的時候。新冠肺炎本身是一種奇特的新疾病，在它沒有併發症的純粹形式下，這種疾病的表現有點像急性高山症——這是一種我曾在高海拔登山時罹患的病症。對登山者來說，最好的治療是迅速下山，但在極端的情況下需要攜帶式高壓艙（或稱為加壓袋）或直升機救援。重點在於迅速吸入更多氧氣，對新冠肺炎患者來說，以插管或面罩供應純氧是最有效的治療之一。

英國首相強森（Boris Johnson）二〇二〇年四月初遭到急性新冠肺炎侵襲期間，持續使用純氧治療長達兩週。強森告訴記者：「很難令人相信的是，短短幾天內我的健康惡化到這種程度。」[2] 強森的醫生做了正確的選擇。另一個替代的選項是使用呼吸機和藥物引發的昏迷。現在已有強力的證據顯示，在治療新冠肺炎病患時過度使用呼吸機造成的傷害多過於好處，並導致許多死亡病例。[3] 大多數病患不需要機器肺，他們需要的是氧氣。

《華爾街日報》（*Wall Street Journal*）的報導反映出新冠肺炎的謎樣特性，例如病患呈現的罕見多重併發症，以及許多經驗豐富的醫療專家對這種全新疾病的反應：

> 這種病毒奇特的效應遠超過任何醫師描述他們常見的其他病毒感染。[4]「它似乎能攻擊許多生理系統。」治療新冠肺炎病患出現急性腎衰竭症狀的紐約腎臟學家雷奧（Maya Rao）說：「我們還不了解這種病毒。」
>
> 「有時候你會在極嚴重的感染病例身上看到類似的情況。」治療新冠肺炎病患導致中風的波士頓神經學家席利姆（Magdy Selim）說：「但我從未看過一個病人同時出現這麼多併發症的情況。」

從二〇一九年十二月到二〇二〇年三月的短短幾個月，新冠肺炎就從區域性流行病變成一場全球性瘟疫。二〇二〇年十月，全球死亡人數已超過一百萬人，且持續增加中。

在開始談本書的主題瘟疫對經濟的影響前，很重要的是追溯新型冠狀病毒的起源和散播。這個問題的神祕難解一如醫學方面的研究，幸運的是，我們有眾多的線索。這個病毒的散播對地緣政治的影響，足以比擬一九九一年冷戰結束，以及一九二九至一九四〇年大蕭條等劃時代的事件。如果不了解病毒的散播模式，我們不可能了解它對社會的影響。

中國的疏忽（或者不只是如此）導致地方性的疫情爆發演變成大流行。美國的災情最嚴重，在人命和財富的損失上付出的代價也最高。今日所有國家都為控制病毒或為整頓經濟廢墟而耗竭，但美國和中國兩大世界經濟超級強權，在瘟疫的責任上還有未解決的問題。

在威爾斯（H. G. Wells）一八九八年的經典科幻小說《世界大戰》（*The War of the Worlds*）中，火星人入侵地球，並以熱光和戰爭機器造成災難性的破壞。火星人冷酷無情，見到人類就殺死，但也捕捉一些人，吸光他們的血液供作火星人的養分。最後火星人被打敗——不是被人類的軍隊，而是被一種火星人沒有免疫力的細菌。在威爾斯的小說裡，一種神祕的微生物帶來了和平並拯救了人類。

現在正好相反。一種神祕的病毒帶來死亡，而且最後可能隨著中國和美國的關係因為美國經濟受創和道德敗壞而惡化，進而帶來戰爭。為了解開這種病毒的謎團，讓我們先從病毒的路徑開始，然後再來探討未來世界經濟可能走上什麼道路。

從武漢到世界

這場瘟疫始於武漢，一個中國中部湖北省有著一千一百萬人口的城市，位於上海到重慶的半途。武漢濱臨長江，而長江是亞洲最長的河流和中國最重要的水道，從西藏高原流到上海後進入東海。長江是中國漢人文化的中心，而上千年來，武漢一直是中國文化中的樞紐。

到中國武漢的美國人通常是商務旅客或尋訪長江三峽的遊客，三峽是長江狹窄的部分形成陡峭峽谷和險惡水流，景色十分壯麗，但已比不上武漢西方的三峽大壩啟用前令人讚嘆。三峽大壩使峽谷的水位上升約一百公尺，並淹沒沿江的許多歷史古蹟。我在一九九三年短暫造訪武漢，以遊覽水位未上升前的三峽。我溯江而上到重慶，不像一般人選擇的順流而下，以便讓自己有更多時間享受這趟旅程。在從武漢出發前，我放棄船上糟糕的伙食，到市區巷弄閒逛以尋找最好的餃子攤。我發現一位老婦人正煎著餃子，她直接從鍋裡盛了一盤給我，餃子旁是中式辣椒醬，我沒有問餃子裡包著什麼。後來我從未再重遊武漢。

雖然武漢仍有許多傳統製造業，不過這個城市也帶頭發展科技業，現在已有超過三百五十所研究中心和成千上萬家的高科技公司。這些研究中心中有三座高階生物研究設施，包括生物安全等級四的武漢病毒研究所。從二〇二〇年一月以後，武漢病毒研究所實際上是由人民解放軍少將陳薇掌管，她也是中國最高階的軍方微生物學家。[5]

根據《南華早報》報導的中國政府資料，第一個官方紀錄的新冠肺炎病例時間是二〇一九年十一月十七日，[6] 病患是五十五歲的湖北省武漢近郊居民。這個人未必就是零號病人，要找到真正的零號病人必須追蹤這個十一月十七日病例的接觸史。有證據顯示十一月十七日以前就有感染病例，這方面的調查仍在持續進行中。

從第一個官方病例開始，這種疾病在十一月傳染給九個確認病例——四名男性和五名女性——並到二〇一九年十二月三十一日前擴大到二百六十六個確診病例。流行病的擴散是以指數性增加的，它們從少數幾個病例慢慢增加，當達到指數函數的條件後便突然爆炸性增加。新冠肺炎散播的情況就是如此。

到二〇二〇年一月底，中國的總確診病例仍然遠低於一萬人；[7] 這個數字到二月底時已接近八萬人，這時候它已不再只是中國的傳染病了。中國以外的地方報告的病例就超過五千個，其中光是義大利就有超過一千例。從流行病（epidemic）到瘟疫（pandemic）的轉變已經開始。

隨著中國新病例呈現爆炸性的增加，幾可確定的一件事是官方對實際感染病例數量的隱瞞，武漢和中國疫情的散播遠為嚴重。美國企業研究院（AEI）根據可靠的旅遊數據和合理假設做的研究估計，中國新冠病毒病例高達二百九十萬人，死亡人數可能有二十萬人，[8] 有許多軼聞和經驗證據支持這些估計。

據目擊者報告，從二〇二〇年三月二十三日到四月四日，武漢每天有超過五百個死亡病人的骨灰罈被送回給家人。這個數字意味著光是武漢在很短的時間就有七千人死亡，對照於中國官方報告從二〇一九年十一月到二〇二〇年十月全國只有略超過四千七百人死亡。[9] 目擊者和美國情報來源的報告都指出，武漢的焚屍爐在三月和四月每天運轉二十四小時，火化的屍體多達四萬五千五百具。真實情況可能永遠不會有人知道，因為揭露事實對中國沒有好處，而向世人隱瞞事實則有種種好處。

可以確定的是，在一月和二月的關鍵階段有數百萬人從武漢出發到各地旅遊，還有數十萬人從北京和上海出發到世界各國的城市旅遊。中國向世界出口病毒。雖然最早的病例出現在西雅圖，但下一個全球熱點卻是義大利。

義大利的疫情是由參加二〇二〇年二月十八日到二月二十四日米蘭時裝週的中國公民帶

進的病毒所引發，這些中國人不但是時裝週積極的參與者，許多人也是義大利北部時裝業的業主。截至時裝週快結束時的二月二十二日，義大利只有六十二個確診病例。由於感染者會有一到兩週的無症狀期，有人預期報告病例會在約三月一日開始暴增。實際情況正是如此，義大利的確診病例從三月一日的一千六百九十四人，激增到三月八日的七千三百七十五人，再到三月十五日的二萬四千七百四十七人，和三月二十二日的五萬九千一百三十八人。每週的病例數以倍速增加，到十月初義大利的確診病例已超過三十萬人。義大利的死亡人數超過三萬五千人，在疫情初期世界各國死亡人數中高居第六位，僅次於美國、巴西、墨西哥、印度和英國。

義大利的悲劇因為老年人口眾多和醫療設施短缺而益加慘重。義大利（和其他國家一樣）剛開始遲於因應疫情，後來才採取斷然措施進行地區性和全國性的封鎖。到了四月一日，義大利終於「拉平曲線」，使新確診人數降至每日五千人以下。五月初，每日新病例已低於二千人；六月一日，人數跌至一千人。以人口六千萬人的國家來看，這是巨大的成功；但從人命損失和遭受的痛苦來看，控制疫情付出了難以計算的成本。

義大利的情況是在向世界示警：中國稍早的資料是假造的，政策制定者不能拿來作為決策的依據。對照之下，義大利的資料是可靠的，反映出病毒的傳染性和指數性散播的恐怖情況。這是其他已開發經濟體遲於實施保護措施的原因。中國的資料雖然有瑕疵，卻證明控制是可能的。義大利的資料顯示，中國未能控制該流行病，並且將以指數性的速度在人口密集的環境散播。義大利的災難終於讓美國和歐洲開始進入高度戒備，儘管如此，為時已經太晚。三月初，病毒已傳遍全球，爆發的病例迅速席捲西班牙、法國、德國和美國。二〇二〇年三月十五日，全球的病例數為十六萬七千人；短短兩週後的三月三十一日，這個數字為八十五萬八千人；二〇二〇年十月一日，全球確診病例超過三千二百萬人。個別城市和國家嘗試拉平它們的曲線，但全球曲線仍然陡峭。

這個病毒未來的走向如何？它仍然是個謎；科學家還未清楚了解新型冠狀病毒和新冠肺炎疾病。基因組已經知道，但病毒的血球凝集素和神經胺酸酶結構組合仍在探究中，甚至已公布的基因組也無法反映所有正在迅速發生的變異。

這個病毒的行為和新冠肺炎在病患身上的呈現也尚未完全清楚，新型冠狀病毒屬於冠狀病毒，而冠狀病毒與流感病毒大不相同，但這兩類病毒有一些共同的特性，研究過去的疫情能為解開新冠肺炎的謎團做出巨大貢獻。

從十八世紀初以來發生過八次重大的流感瘟疫，其中四次是二十世紀初以後發生的：西班牙流感（一九一八至一九一九年）、亞洲流感（一九五七年）、香港流感（一九六八年），以及豬流感（二〇〇九年）。[10]這些流行病和它們與新冠肺炎的類似性能提供我們許多指引。這四種流感病毒和新型冠狀病毒都是人類缺少免疫力的新病毒，雖然不是每個人都會感染或出現嚴重症狀，但全世界的人口都很容易被感染。新型冠狀病毒和流感病毒都極具傳染性且能迅速散播，這表示病毒可能在採取隔離等減緩措施前就形成全球大流行。這些病毒都經由帶病毒者打噴嚏、咳嗽，甚至平常的呼吸，把大飛沫和透過空氣散播的小分子散播到受害者的呼吸系統，其他的可能傳染途徑包括帶病毒者接觸的門把等東西再被受害者觸摸。

新型冠狀病毒和流感病毒的差異，是前者更具傳染性且可能更致命。受感染者在沒有症狀的病毒潛伏期會散播疾病，而流感的潛伏期為二到四天，新型冠狀病毒則長達二到十四天。延長的潛伏期意味新型冠狀病毒在衛生當局有所警覺和在特定地方採取預防措施前，可以散播的更廣。[11]正如傳染病研究與對策中心（CIDRAP）在二〇二〇年四月底時指出，較長的潛伏期也意味政府在應該採取嚴格減緩措施時，可能因為自滿而延誤時機。

另一個增加新冠肺炎傳染性的因素是，這種病毒極易傳播。病毒的傳播力是以再生數（R0）衡量，也就是在全部人口都易於被感染者傳染的假設下，一個受感染者平均傳染的人數。當R0大於一時，每個已感染者把疾病傳染給超過一個人，這將使病例呈現指數性增加；當R0小於一時，每個已感染者平均把疾病傳給少於一個人，而這將使瘟疫逐漸平息。

據醫療期刊《刺胳針》（*The Lancet*）發表的研究，新型冠狀病毒的R0值在中國估計為二．〇到二．五，其他研究認為可能更高，視受感染群體和所謂超級傳播者的角色而定。[12] 對照之下，過去數百年的主要流感在流行期間的R0值都不到二。

如果把潛伏期、無症狀感染者、傳染性（R0）和其他因素考慮在內，新型冠狀病毒呈現出傳染更迅速和更頑強的特性，遠超過從一九〇〇年以來最嚴重的流感病毒，但光是這些因素不足以讓新型冠狀病毒比之前的流感病毒更致命。根據估計，一九一八年西班牙流感的H1N1病毒殺死逾一千萬人，這意味新型冠狀病毒在全球人口的流行可能比流感病毒還持久也更普及。這也表示第二波感染可能在二〇二一年爆發，且比二〇一九年十一月到二〇二〇年十月的第一波還要嚴重。

根據前述四次流感瘟疫的模式，以及流感病毒與新型冠狀病毒的相似性，未來幾個月新冠肺炎的模式很可能出現下述的三種假想情況。[13]

假想情況一牽涉一連串感染人數增加、感染人數減少，然後感染人數再增加的波形模式。好消息是，每一波將比前一波略小些（因為群體免疫力），然後病毒慢慢消失（部分原因是易感染人口逐漸減少）。壞消息是，這個模式可能持續到二〇二一年底或二〇二二年初。事實上，隨著每一波採取的減緩策略加強和放鬆，我們將學會與新冠肺炎共存。

假想情況二也牽涉反覆發生的波，差別是第二波（出現在二〇二一年）將遠比二〇二〇年的第一波更致命，因為病毒發生變異和基因物質重組的可能性。這種模式在一九一八年西班牙流感、一九五七年亞洲流感和二〇〇九年豬流感都曾看到。這三次大流行都是在春季開始出現中等但致命的疫情，到初夏平息下來，然後到秋季便發生一波更大且極致命的傳染。

假設情況三是最樂觀的預估。這個假設是，最糟的情況已經過去，雖然還會出現幾波疫情，但它們將逐漸變小，甚至小到不構成真正的波，而只是感染病例比前個月或前季微增。CIDRAP的模型設計者稱這種模式為「慢燒」。

不管出現何種模式，這三種假設狀況都可以藉由常識性的解決方案來減緩，例如最容易染病者保持社交距離、戴口罩、勤洗手、限制群聚人數和自願性自我隔離，包括六十五歲以上的人和有呼吸道疾病、糖尿病和免疫系統有問題者。第一或第三種假設狀況都不需要像美國經濟（和其他外國經濟體）在二〇二〇年三月到十月經歷的那種極端封鎖措施。危險在於如果發生第二種假設狀況，那麼我們在二〇二〇年上半年所經歷的慘況將只是冰山一角。在這種狀況下，恢復我們剛解除的那種極端封鎖措施將無法避免。

遺憾的是，一九一八年以來四次最嚴重的流感疫情有三次跟隨著發生假設情況二的第二波模式，而這一次的新冠肺炎和這幾次流感疫情整體的相似性，使得未來出現更大、更致命第二波的可能性為之大增。各次疫情的波之間的平息期從四個月到六個月不等。由於第一波疫情的平息始於二〇二〇年十月，因此第二波疫情來臨時間可能在二〇二一年四月。北半球冬季月份剛好是一般流感病毒達到高峰的季節，雖然新冠肺炎不是流感，它的影響可能削弱身體的免疫系統，使得不同的流感病毒和肺炎能入侵受害者的身體，導致重大傷害，甚至死亡。我們不希望發生此狀況，但第二波成真的可能性仍在，現在就斷言它不會發生還言之過早。

就傳染波來說，在不考慮減緩措施下，新冠肺炎似乎從爆發到高峰和病例開始減少的時間大約為八到十週。這符合紐約市的疫情模式，而紐約市則是美國死亡人數遙遙領先的地方，截至二〇二〇年十月一日已超過二萬三千人，佔美國新冠肺炎總死亡人數逾一一%。紐約市的死亡人數從二〇二〇年三月初開始快速攀升，四月中旬達到高峰，然後到五月中旬大幅減少。這幾乎完全符合八到十週的爆發模式，來自個案研究的強力統計證據也支持這個假說。[14]

如果這種八到十週的波持續時間——假設是正確的——適用於每一波，那麼第二波或第三波也將各自持續八到十週。在評估全球的疫情時，我們必須知道的是每一波會在一個地區（它可能是像美國東北部或整個英國這麼大的地區）經歷這個周期，但不是所有地區的波都同時發生。顯然武漢的疫情最早爆發，但等它大致控制住時，涵蓋紐約市和紐澤西周邊的地區還在猛烈爆發中。俄羅斯爆發的時間相對較晚，在紐約逐漸平息時它的疫情還在迅速攀升。這些波都有八到十週的持續期，但未必同時進行；它們相繼發生，就看零號病人何時出現。這讓謎團又增一層：晚發生的第一波被誤認為全球的第二波。

到五月底，紐約市的醫院和急診室緊繃的情勢已明顯減緩。疫情尚未過去，仍有許多病人死亡，但節奏已大為放慢。儘管仍處於非常時期，但醫院員工已有逐漸恢復正常的感覺，他們在四月時經歷的確診和死亡病例激增和醫院人滿為患的情況已不復見。

不過，新病例減少的輕鬆感仍籠罩在另一波疫情可能捲土重來的恐懼中。《紐約時報》（*New York Times*）報導這種混合著寬慰和擔憂的感覺：

> 「這幾乎可用詭異的安靜來形容。」[15] 布魯克林醫院中心急診部主任迪蘇沙（Sylvie de Souza）醫生說。這家獨立醫療機構在疫情爆發前，急診室病患通常為每日平均二百到二百五十人，上週卻不到過去的一半。「我們一點都不敢鬆懈，而是戰戰兢兢等著疫情再次來襲。所有人都在想，我們還經得起再來一次嗎？」

疫情的發展隨著地點而不同。在紐約，到五月時似乎最糟的情況已經過去。在其他州和城市，確診和死亡人數增加的速度卻在加快。密西根州、賓州和伊利諾州經過三月和四月的緩慢發展後，開始遭到猛烈襲擊。同樣的，德州和加州初期控制病毒傳播的成功備受讚譽，到五月後病例又急速攀升。加州到二〇二〇年十月一日已累積七十九萬個確認病例，遠高於五月一日時的不到五萬三千例。

從全球來看，情況正日益惡化。二〇二〇年四月十二日全球報告的新病例為九萬八千八百人，五月十五日為十萬零二百人，九月十八日則為三十二萬四千二百人。每日的病例數字有高峰和低谷，但整體趨勢呈現明確的凶兆，瘟疫仍在擴大、數字持續攀升。特別令人憂慮的國家包括俄羅斯，俄羅斯的每日新增病例從二〇二〇年三月三十一日的五百零一人，激增到五月十一日的一萬一千七百人；到十月初，俄羅斯的總確診病例已超過一百一十一萬人（相較於美國的六百八十七萬五千人）。英國、義大利和西班牙等國的疫情慘重，三月和四月有大批病患死亡，巴西的死亡人數超過十三萬七千人，墨西哥、印度和伊朗各有二萬五千人到九萬人不等的死亡人數。

被封鎖的人殷切等待好消息，但消息愈來愈糟，環繞病毒的謎團也愈來愈大。二〇二〇年六月十二日公布的科學研究顯示，義大利出現的變異病毒（以可能發生變異的地點而被稱為義大利病毒株）提高了病毒感染新受害者的能力，因為讓病毒能夠入侵健康細胞的病毒棘蛋白發生了改變，[16]這個被稱為G變異型（相對於之前的D氨基酸）的突變，取代了世界各地的初始病毒基因組。[17]西北大學病毒學家胡爾特奎斯特（Judd Hultquist）說：「我們之前就無法應付D。如果G更容易傳染，我們勢必也無法應付它。」

全球感染人數增加是無情的事實。到了二〇二〇年十月一日，全世界報告的確診數已超過三千二百萬人，死亡人數超過一百萬。美國的死亡人數遠超過其他國家，截至十月初已超過二十萬人。光是紐約州、紐澤西州和康乃狄克州就有五萬三千人死亡，佔全美國逾二五%。武漢發源的病毒像一顆病毒氫彈投擲在時代廣場，蹂躪了環繞的社區，在紐約市很難碰到一個沒有任何親朋好友死於這場病毒風暴的人。

展望未來，最好的情況是我們將看到地區高峰出現單高峰的模式，然後是逐漸變小的波，直到病毒變異成可控制的形式。最糟的情況是，二〇二〇年十月的高峰之後六個月，爆發更兇險的第二波，製造出更大規模且更凶猛的死亡潮。從歷史和科學可見，我們不能排除最糟的情況，它很可能發生。

未知的併發症

新冠肺炎始於二〇一九年十一月的武漢，甚至可能更早。從報告的病例、死亡人數、爆發的地理範圍、傳播的時間線，以及可靠的軼聞等流行病學證據，可以確認這個事實。

初始的病毒來自實驗室或生鮮市場？這個問題是一個對美國—中國關係（因此也對全球經濟）有深遠影響的謎。

瘟疫爆發初期處理的責任必須由爆發國家的領導階層擔負，最佳的因應對策是迅速行動、誠實報導，和邀請國際科學家團隊協助控制疫情傳播和治療染病者。病毒調查人員可以辨識並隔離病原體，疫苗和治療方法的研究可以立即展開，每一分鐘都很重要。這種方法需要邀請最好的國際科學團隊參與，美國和其他國家的國際組織，包括紅十字會和紅新月會，隨時準備並願意協助中國的受害者並阻止新型冠狀病毒蔓延。

中國未善加利用這種協助。包括省級層次和共產黨領導階層的中國領導人先是否認而未採取行動，他們在二〇一九年十二月底嘗試掩飾這種病毒。[18]

三十四歲的中國武漢中心醫院眼科醫生李文亮，是最早在十二月底發現疫情蔓延的醫生。他在十二月三十日傳送訊息給醫生同僚，提醒已有病例發生，但遭到地方官員的忽視。

他警告醫療人員在治療病患時必須穿戴外科手套和其他保護性衣物。

地方公安局沒有讚揚李文亮，反而命令他到公安總部，並告知他正接受「散播謠言」的調查，[19]他被指控「發布假消息」和「嚴重干擾社會秩序」。李文亮被命令簽署一份聲明，聲明上的部分文字說：「我們嚴正警告你：如果你繼續執迷不悟並再進行這種非法行為，你將遭到司法起訴，了解嗎？」

中國應該從李文亮學習透明化的重要，卻反而用國家機器壓制真相。在二〇二〇年一月十日，李文亮醫師出現感染跡象，包括嚴重的咳嗽，他從一名染病的青光眼病患身上感染了新冠肺炎。一月十三日，他因發高燒和其他併發症住進醫院，二月七日死於病毒。對全球數百萬人來說，李文亮是個英雄；對中國共產黨來說，他是個必須噤聲的異議者。

中國國家主席習近平確實在一月七日下令武漢採取嚴厲措施，並在一月二十三日封鎖全市，但為時已晚。從二〇一九年十一月疫情爆發以後，已有數百萬名旅客離開中國，並把病毒傳播到西雅圖、米蘭和世界各地的其他城市，中國的流行病已成為一場瘟疫。科學家估計，如果中國不隱瞞疫情並要求其他國家的專家協助，原本可以避免九五%的全球感染。[20]

中國尋求聯合國世界衛生組織（ＷＨＯ）協助執行其隱瞞行為。世衛組織祕書長譚德塞（Tedros Adhanom Ghebreyesus）在二〇一七年五月，獲得中國共產黨和他的衣索比亞革命戰友提格雷人民解放陣線（Tigray People's Liberation Front）的政治和財務支持，因而當選擔任該職。譚德塞利用他的世衛組織平台散播有關病毒的謊言。

二〇二〇年一月十四日，世衛組織發出一則官方推文說：「中國當局進行的初步調查未發現中國武漢發現的新型冠狀病毒（2019-nCoV），有人對人傳播的明確證據。」[21]那則推文是謊言，中國已經對抗該疾病幾個月，並從數千個病例看到人傳人的證據。沒有證據顯示該病毒不會人傳人，世衛組織只是複述中國的官方說法。

二〇二〇年一月三十日，世衛組織稱武漢疫情爆發為「公共衛生緊急事件」，[22]但拒絕使用「瘟疫」這個詞，雖然當時疫情已傳播到中國以外的十八個國家。省略「瘟疫」是世衛組織的另一項欺騙，因為該疾病的全球散播已經發生，而且瘟疫的路徑是根據中國自己的說法，世衛組織只不過是中國的宣傳管道。

二〇二〇年四月十四日，美國總統川普宣布暫停資助世衛組織，等候進一步評估，川普決定的根據是「世界衛生組織在嚴重的錯誤管理和隱瞞新冠病毒傳播的角色」。[23]二〇二〇年五月二十九日，川普履行他的威脅並終止美國與世衛組織的關係，他指示將先前美國提供給世衛組織的四億美元（世衛組織總預算的一五％）轉撥給其他國際醫療計畫。川普說：「中國官員忽視他們向世衛組織報導的義務，並壓迫世衛組織誤導世界。」[24]中國對世衛組織的援助每年只有八千六百萬美元。事實上，美國是從這個過去備受尊敬、現在卻墮落成中國共產黨喉舌的組織中退出。

中國政府的隱瞞即使到瘟疫已蔓延全世界時仍未停止。在二〇二〇年二月，中國驅逐三名《華爾街日報》的記者；在三月中旬，中國又驅逐更多《華爾街日報》、《紐約時報》和《華盛頓郵報》（*The Washington Post*）的記者。中國不希望那些幹練的記者調查病毒的起源。

為什麼？

中國壓制真相、利用世衛組織在國際散播其謊言，和驅逐獨立新聞記者的作法，都與想隱瞞什麼事的人如出一轍。中國想隱瞞什麼？

中國想隱瞞的不是疾病本身，那是不可能的，中國想隱瞞的是疾病的來源。中國的作為是想轉移責任並甩掉數兆美元的損壞賠償責任，中國必須讓病毒的散播看起來像自然發生和非蓄意的。中國更進一步利用它的新「戰狼」外交，怪罪美國釋出這個病毒，特別是，中國的目標在於阻礙病毒真正來源的調查。只要國際不對病毒真正來源做調查，中國就能任意宣傳它喜歡的版本。

在這個病毒傳染給人類時，對病毒的來源有兩個主要的說法：第一個是「生鮮市場」理論，第二個是「實驗室」理論，兩者的差別攸關美國與中國未來的關係。而世界兩個最大經濟體的溝通是否破裂，則是攸關全球商務的最大問題。

中國各地的城市和鄉村都有所謂的「生鮮市場」（wet markets），指的是讓屠夫可以屠宰野生動物的露天市場，此地消費者常吃的動物包括狗、蝙蝠、麝貓和穿山甲，外皮有鱗甲的哺乳動物如食蟻獸被視為珍饈。由於動物被關在籠裡並當場屠宰，這些市場充滿血汙和排泄物。生鮮市場被認為是型冠狀病毒的來源之一（在喜馬拉雅椰子貓和貉身上發現），而血清學證據支持此一病毒從動物傳染給人類（一種稱作人畜共通傳染的過程）的看法，是人類和動物密切接觸並透過血液傳染的結果。[25]

科學也已驗證蝙蝠攜帶的冠狀病毒有時候可以透過人畜共通傳染而感染人類。由於有冠狀病毒透過生鮮市場販售的麝貓傳染給人類的證據，我們很難不抱持導致新冠肺炎的新型冠狀病毒是經由生鮮市場的屠宰和顧客的消費，而從蝙蝠傳染給人類的觀點。這是中國偏好的解釋，因為病毒傳染將是無意的，只是一場帶來不幸結果的不幸意外。

第二種理論是，新型冠狀病毒是武漢一所實驗室的產物，而有實驗室員工遭到病毒感染，並把感染的病毒帶出實驗室，傳染給其他人。

武漢有兩大實驗室，進行牽涉可能把蝙蝠新冠病毒傳染給人類的生物實驗，一所是武漢病毒研究所，另一所是武漢市疾病預防控制中心。據石正麗博士共同撰寫的一篇科學論文所述，這些高風險的實驗牽涉應用反向遺傳學系統的基因工程技術，以中國蹄鼻蝙蝠等動物存在的病毒製造一種可以「有效地在人類氣管細胞複製」的人工病毒（嵌合病毒）。[26] 石正麗是武漢病毒研究所新興感染疾病中心主任，這類實驗未必牽涉生化戰，它們可能只是想了解新型冠狀病毒和發展疫苗。石正麗的研究遭到其他科學家的嚴厲批評，因為其潛在利益遠不及牽涉的高度風險。[27] 在二〇一八年一月，美國駐北京大使館傳送電文給華盛頓特區，警告武漢病毒研究所「嚴重缺乏受過訓練的合格技術人員和必要的調查人員，不足以安全地營運此一高度防護級實驗室」。[28] 武漢病毒研究所曾張貼一則有關美國大使館派遣美國科學家訪問的訊息在其網站上，該訊息在二〇二〇年四月初已被實驗室的網站刪除，但在網際網路上仍可找到。二〇二〇年五月二十四日，武漢病毒研究所公開承認該所有三株蝙蝠新冠病毒的活病毒株。該所所長王延軼表示，該所「從蝙蝠分離並取得一些新冠病毒」，而且「我們有三株活病毒株」。[29] 王延軼也說，該所的病毒與新型冠狀病毒並不相似。中國政府的聲明缺少可信度，原因是他們持續展現對該病毒有關的事說謊的模式。總之，我們知道武漢病毒研究所持有活蝙蝠新冠病毒，進行蝙蝠對人類傳染的高風險實驗，而且安全程序有瑕疵。

生鮮市場理論比較像是一種流言，若沒有更多病毒學家的調查則無法證明。不過中國政府禁止它批准的科學家以外的任何人做調查，中國壓制不同意生鮮市場理論的個人，並刪除其他人的社群媒體貼文。中國對疾病的散播和死亡病例數量屢次說謊，由中國官員單獨進行的調查無法被世人信賴，原因就是這種隱瞞和欺騙的紀錄斑斑可考。

生鮮市場理論有嚴重的瑕疵，《華盛頓郵報》專欄作家伊格納茲（David Ignatius）指出，中國政府確認為新冠病毒來源的武漢華南海鮮市場（雖然該病毒可能從蝙蝠傳染給該生鮮市場出售的其他動物）並不出售蝙蝠，[30] 攜帶致命新冠病毒的那種蝙蝠，在武漢方圓數百哩內都找不到。[31]《刺胳針》在二〇二〇年一月二十四日發表一篇文章，說在一項研究中最早發現的新冠肺炎病例有七五％未曾暴露於華南海鮮市場。[32] 中國疾病預防控制中心主任高福說，他和他的檢查團隊在二〇二〇年一月初檢查華南海鮮市場，並未從檢驗的動物樣本中發現新冠病毒。[33]

實驗室理論也遭到攻擊。一篇文章宣稱，新型冠狀病毒無法在實驗室透過生物工程製造，因為該病毒的基因資料顯示沒有使用反向遺傳學系統的跡象，而反向遺傳學是基因操縱的標誌。[34] 但熟知內情的人士並未宣稱該病毒是生物工程的產物，而是因為實驗室的疏失而外洩。大多數病毒實驗室畜養動物供實驗使用，這些動物可能有自然形式的新型冠狀病毒，並藉由血液、排泄物或體液接觸而傳染給人類。說病毒未經過生物工程處理，與說它不是來自實驗室是兩回事。這篇被廣泛引用的文章，未證明有關病毒來源的任何事，而這項文章中的研究受到中國政府的部分資助。[35]

知名病毒學家福林德斯大學（Flinders University）教授派楚維斯基（Nikolai Petrovsky）較晚近的一項研究顯示（截至本書寫作時尚未進行同儕審查），新型冠狀病毒可能是實驗室裡細胞培養實驗的結果。[36]派楚維斯基觀察新型冠狀病毒的基因成分類似於蝙蝠冠狀病毒和其他冠狀病毒，他認為這可能是基因重組後的結果，也就是兩種病毒自然地交換基因物質而無需經過基因工程的干預。這個報告整合了新型冠狀病毒未經生物工程的觀點與它從實驗室洩漏的觀點，派楚維斯基不排除動物之間發生基因重組，但認為經過培養皿重組的可能性較高，「它好像被設計成用來感染人類。」他說。

這個問題一直還沒有解決（科學上的問題向來如此）。二〇二〇年五月二十八日發表的報告（一篇被《生物物理學評論季刊》〔*Quarterly Review of Biophysics*〕接受的報告）指出，有證據顯示「新型冠狀病毒棘表面被嵌入的部分，提高了該病毒感染的潛力和致命性」，[37]這表示該病毒在實驗室受到生物工程處理。根據一份報告的共同作者挪威科學家索倫森（Birger Sørensen）說：「該病毒的特性與嚴重急性呼吸道症候群（SARS）病毒大不相同……而且在自然界中從未被發現。」[38]而且美國和中國都曾進行「功能獲得」（gain of function）突變實驗，在這種實驗中可能強化瘟疫病原體的病原性或傳染性。

主張病毒來自武漢病毒研究所且可能經過生物工程的最嚴格研究，來自香港大學公共衛生學院的中國病毒學家閆麗夢博士，該公共學院包含一個世衛組織的參考實驗室。閆麗夢在二〇二〇年四月因為擔心自己的安全，從香港飛到美國。閆麗夢和她的同僚宣稱的詳細科學證據，發表在二〇二〇年九月十四日一篇論文中。[39]

新冠肺炎疫情始於二〇一九年底的武漢是一個明確的共識，另一個共識則是新型冠狀病毒未經生物工程（雖然有一些反對的觀點）。這個共識是病毒先存在於動物，然後透過人畜共通傳染或培養皿而傳染給人類，傳染是否經由生鮮市場的意外或實驗室意外（可能是武漢病毒研究所）並未達成共識。有明顯的證據顯示武漢病毒研究所今日有活蝙蝠冠狀病毒株，並且過去曾進行牽涉可能傳染給人類的高風險實驗；也有明顯的證據顯示，中國最早的新冠肺炎病患沒有到過武漢的華南海鮮市場。

幾乎所有初始病毒傳染給人類的其他證據都是間接證據。中國衛生當局已對該生鮮市場的攤位進行消毒，讓生鮮市場不可能檢測出新型冠狀病毒的存在，中國官員也下令摧毀該國基因實驗室裡的病毒樣本。澳洲《每日電訊報》（*Daily Telegraph*）報導：「中國政府藉由禁止醫生發聲、摧毀武漢實驗室的證據，和拒絕提供活病毒樣本給研究疫苗的國際科學家，來刻意隱瞞該病毒。」[40] 二〇二〇年一月中旬，正當中國新冠肺炎疫情爆發時，中國政府派遣人民解放軍少將陳薇到武漢病毒研究所，以指導控制疫情爆發的努力。[41] 五十四歲的陳薇是病毒學家，也是著名的生化戰專家。

從病毒可能外洩自武漢病毒研究所的消息傳出後，中國便展開一項周密的全球宣傳活動，在不同的時候宣稱病毒源自美國軍方，要求美國公開位於馬里蘭州弗雷德里克德特里克堡（Fort Detrick）進行的生物研究，並嘲弄美國國務卿蓬佩奧（Mike Pompeo）。中國的宣傳計畫披露於《中國日報》的一篇文章，標題為「建立全球話語權以表述中國的故事」。[42] 該文章說：「一國傳達訊息到國際上的能力取決於其影響力，而話語權取決於它在全球互動中掌控主動權的能力。在國際傳播理論中，『話語』是一種傳達特定價值的傳播工具……話語要能有效，必須有高品質內容的支持。其次是在國際競技場上設定議程的能力。」的確，如果你說的是實話，你不需要話語權。

情報分析幾乎從來不從一套完整的事實開始。材料永遠包含一些事實、一些聰明的假設，以及合理的推論，利用複雜的應用數學工具，包括貝式定理、行為科學和複雜理論。如果所有的事實都齊全，那就太簡單了，但事實很難齊全。

生鮮市場理論是一個只有少數事實支持、而有大量事實質疑的合理假設。實驗室理論是一個有大量事實支持、而沒有事實抵觸的合理假設。要解決這個謎，情報分析師會問下列的問題：

如果病毒不是來自實驗室，為什麼中國摧毀證據？如果武漢病毒研究所不是問題的根源，為什麼中國指派一個人民解放軍少將和生化戰專家到那裡？

一個有蝙蝠冠狀病毒活病毒株和不良安全紀錄的實驗室，意外洩漏一種對人類致命的病毒的可能性有多高？

一個沒有出售蝙蝠的生鮮市場和百哩內沒有蝙蝠冠狀病毒來源的地方，是蝙蝠冠狀病毒源頭的可能性有多高？

如果四分之三的初期感染者沒有去過武漢的生鮮市場，該市場是人類冠狀病毒來源的可能性有多高？

如果中國沒有什麼可以隱瞞的，為什麼中國進行周密的全球宣傳運動，嘗試把罪責轉移給美國？

要是無法取得最高層級的中國政府機密和到現場實地調查，這些問題將無法獲得確切的答案。取得機密和現場調查在當時都遭到拒絕。許多相關證據已被破壞，主要目擊者已被消失。

儘管如此，這些問題被塑造成可以用可得的證據、推論和條件機率來找到答案，結論是個別機率相乘的結果。利用這種方法，證據強烈地指向是從武漢病毒研究所洩漏致命病毒的結論。我們可能永遠無法確定，除非中國在未來數十年公布相關的機密檔案，也許在政權改變後有機會如此。

與病毒來自生鮮市場或實驗室的問題無關的一點是，中國不能拒絕承擔引發全球瘟疫帶來經濟破壞和生命損失的責任。即使病毒來自生鮮市場，中國的隱瞞疫情已構成罪責；如果病毒來自實驗室，中國的隱瞞更是犯下危害人類罪。

| 第二章 |

一百天：封鎖記事

西班牙大流感導致全世界四千萬人死亡，相當於人類的二%人口，相當於今日的一億五千萬人……那麼為什麼這場險惡的瘟疫並未摧毀經濟？答案出奇的簡單：不管出於必然或選擇，主要是因為大多數人生活如常並挺過來了。[1]

——謝德爾（Walter Scheidel），《外交》（*Foreign Affairs*）雜誌，2020年5月28日

如果瘟疫蔓延，道德也將隨之廢弛，然後我們可能再看到米蘭的農神節狂歡，男人和女人圍繞著墳墓跳舞。

——卡繆（Albert Camus），《瘟疫》（*The Plague*），1948年

出賣世界的停頓

當病毒在美國大範圍地傳播時，經濟封鎖隨之實行。從病毒的蔓延模式來看，封鎖是必要的嗎？答案是不，不是必要的。

始於二〇二〇年三月封鎖美國經濟和停止社交互動的政策，將被視為有史以來最大的錯誤之一。封鎖沒有必要、效果低落，而且根據的是官方欺騙和錯誤的科學，成本也未被納入考慮，較好的替代方案遭到忽視。封鎖大體而言是違反憲法的，美國人遭受到像不聽明的小孩般的待遇。封鎖代表專家管理超出他們專業領域的事務，而且這些專家事後證明即使在他們的領域也不怎麼專業。特別是封鎖代表領導的失敗，因為政治人物躲在官僚後面，而未擴大多樣的認知範圍和帶頭領導國家。

在討論這些前，「封鎖」（lockdown）這個詞應加以定義。美國從未實施全國統一的封鎖，川普總統已經引用主要是一九五〇年代制定的許多法律來擴大緊急權力，這些法律原本的考量是萬一發生核子戰爭時有助於協助美國的治理，但川普只用到其中少數權力。

川普在二〇二〇年一月三十日到五月二十四日的一系列公告中，禁止中國、大多數歐洲國家、英國、愛爾蘭、巴西、伊朗和其他港口的旅客進入美國。[2] 川普也在二〇二〇年三月十六日呼籲美國人減少旅遊，在二〇二〇年三月到四月利用每天的記者會和簡報會，建議採取保持社交距離、洗手、不握手和必要時自我隔離等常識性的防疫措施。但這些建議都不是命令，美國並沒有全國性的封鎖。

反而美國的封鎖是根據州長、市長和其他政府官員的命令，逐州時斷時續地實施。紐約市的學校在三月十五日關閉、加州在三月十九日開始封鎖、紐約州在三月二十二日開始全面封鎖。許多州在三月底封鎖，喬治亞州是最晚封鎖的州之一，它在四月三日實施，南達科塔州則從未實施封鎖。

沒有兩個地方的封鎖措施是相同的。一些命令很嚴格，關閉所有非必要的企業，下令個人留在家中，要求外出者必須戴口罩，關閉公園和海灘，禁止超過一定人數的集會，和停止大部分的公共運輸系統。其他州只採取這些措施中的幾種，最寬鬆的南達科塔州則百分之百任由州民採取自願措施。

「必要企業」的定義差異很大。槍枝販售店在新罕布夏州被視為必要企業，在紐澤西則是非必要；加州的封鎖命令對槍枝店模稜兩可，但市長們自己決定是否關閉槍枝店。紐澤西州和加州後來在訴訟和市民的抗議下取消成命，全國性的槍枝銷售在四月和後續的月份暴增。

一些州的封鎖令十分奇怪。密西根州州長惠特默（Gretchen Whitmer）禁止大型商店販售地毯和繪畫，[3]沒有人知道為什麼。一些命令則足以致命。二〇二〇年三月二十五日，紐約州州長郭謨（Andrew Cuomo）對養老院管理機構下命令說：「安養院必須遵守加快收留從醫院返回安養院之住戶的規定[4]……院方不得只因為確診或疑似新冠肺炎的診斷而拒絕住戶重返或入住安養院。」[5]二〇二〇年四月七日，州長郭謨公布一項類似的命令，要求成人照顧設施（ACF）必須遵守「不得只因為確診或疑似新冠肺炎的診斷而拒絕住戶重返或入住」的規定。安養院和成人照顧設施的住戶是最容易感染新冠肺炎、而且一旦感染致死率最高的群體，這種病毒最容易在安養院和成人照顧設施等高密度機構中傳播，使它們成為死亡和疾病的溫床。郭謨的替代措施應該是設置暫時性的設施，以隔離新冠肺炎的病患，而非把他們送回安養院或成人照顧設施感染其他住戶。因為郭謨的命令，紐約州有超過四千五百名新冠肺炎病患返回安養院和成人照顧設施，這些機構有超過五千八百名病患在疫情期間死亡，超過任何其他州。亞賓尼（Daniel Arbeeny）的父親在從布魯克林一家安養院返家後死於新冠肺炎，他說郭謨的命令「是任何人會做的最愚蠢決定，除非他們是想殺人」。[6]

封鎖措施不一致，解除封鎖也是號令不一。大多數州在二〇二〇年五月三十一日宣布解除封鎖，其他州則決定在六月開放。一些州未宣布解除日期，這些州的開放計畫使用三階段法，零售業可能最先開放，其次是餐廳和酒吧，最後則是海灘和公園，但各階段的定義往往混淆不清。

以這種封鎖然後重新開放經濟的拼湊法作為控制疫情的方式，是我反對的首要原因——它既非必要也沒有效率。封鎖是行不通的方法。

如果密西根州的人需要油漆而無法在當地的家得寶（Home Depot）買到（油漆是必要的商品），他們可以開車到俄亥俄州買需要的油漆；如果紐澤西州的人想買槍枝，而槍枝販售店關門，他們可以開車到賓州買。重要的不是油漆或槍枝，而是阻止疾病傳播。封鎖行不通。

如果傳染性的病毒及早被發現，感染人數很少且局限於一個地方，那麼極端的隔離措施可能有效。在一九一八年西班牙大流感期間，曾有位於島嶼上的小型軍事基地實施由武裝警衛看守的全面封鎖，結果十分有效，該基地並未發生流感。不過，美國不是一個島嶼，面積也不小，而且我們沒有在每一條街上設置武裝崗哨。討論西班牙大流感的書《大流感》作者巴里如此描述這個問題：

> 當時缺乏醫藥和疫苗可以阻止流感。[7] 數百萬人戴的口罩毫無用處，因為它們的設計無

法阻止流感傳染，只有避免暴露於病毒才能。

一些隔絕自已的地方得以逃過一劫，例如科羅拉多州甘尼森（Gunnison）和幾個位於島嶼上的軍事設施；但大多數城市的封鎖命令無法避免暴露，它們還不夠極端。關閉沙龍、戲院和教堂毫無意義，因為許多人繼續搭乘大眾運輸、繼續上班、繼續到雜貨店……這個病毒太有效率、太猛爆、太擅長散播自己了。最後病毒達成傳遍世界的目的。

除了全面封鎖經濟和社交生活外，可以實施的替代方法很多：自願性的保持社交距離、洗手和戴正確的口罩（大多數口罩沒有用，因為不適用或戴的方法錯誤；有些口罩可以避免已感染者咳嗽和打噴嚏時散播病毒）並沒有錯，最脆弱或最經常暴露於病毒的人採取自願性自我隔離是個好主意。關閉學校效果有限，因為兒童之間較不容易傳染新冠肺炎，而是較容易被成人傳染，而且比起學校，他們在家裡接觸了更多的成人。

這帶領我們到封鎖的真正目的，和官方誇大恐懼的動機。封鎖的目的從來就不是以阻止病毒散播為主，除了戒嚴令和非自願軟禁所有人口外，那是不可能達到的目的。事實上，病毒的傳染在某些方面是有利的，因為致死率相當低，而至少就暫時而言，群體免疫（大多數人有抗體和免疫力）是阻止瘟疫的最好辦法。封鎖的理由主要是為了「讓曲線走平」（借用國家過敏與感染疾病研究院〔NIAID〕院長佛奇博士的話〕。

那是什麼意思？一般美國人都比菁英認為的聰明，但要期待看佛奇記者會的一般觀眾都是專家未免要求太高。美國人看到的是兩條曲線，一條曲線有一個高峰顯示大量人感染新型冠狀病毒，另一條呈現「走平」的曲線在高峰時染病的人數則少很多。美國人自然偏好人數少的曲線，並因此相信接近完成的封鎖是讓曲線走平和減少病例數量的必要措施。

沒有被清楚解釋（除了科學期刊以外）的是，長期來看封鎖或不封鎖的總病例和死亡人數將一樣多。直到疫苗研發出來前，病毒將繼續散播。讓曲線走平意味將拉長曲線，高峰的病例數雖然較少，但持續期會更長。總病例和死亡人數是以曲線持續時期的總人數來計算，而不是曲線特定點的高度。讓曲線走平的封鎖，確實減少了醫療體系的高峰病患人數，但它將無法減少長期的總病例和死亡人數。事實上，封鎖可能因為延遲群體免疫而增加死亡人數，而群體免疫是在沒有疫苗的情況下免疫化和減少暴露機會的唯一方法。

這個降低高峰病例數的真正理由已被醫學論文揭發。波士頓伯明罕婦女醫院臨床微生物學副醫療主任密納（Michael Mina）博士說：「我認為讓曲線走平的概念是為了讓疫情慢下來，以避免我們遭到過大的衝擊。[8] 它真正的出發點是害怕病毒傳播太快，和隨時都有太多人湧進急診室，以致於我們的醫療基礎設施有崩潰的風險。」

降低不勝負荷的醫療體系高峰病例是合理的政策目標，如果病患無法迅速獲得醫療照護，一些人可能死亡。但這個問題有別的解決方法，而不必付出摧毀美國經濟的代價。封鎖可以按地區和時間做限制，只在最可能超過負荷的區域實施；照護設施可以藉由派遣醫療船和蓋臨時醫院的方式而大幅增加（正如紐約市和洛杉磯的作法）；醫生、護理師可以從低風險區域調派到需求更大的地方（這種方法在一九一八年西班牙大流感期間很常見）。極端的全國性封鎖沒有必要，而且幫不上忙。

即使更大範圍的封鎖因為高峰病例問題而有其迫切性，為什麼不向美國大眾清楚解釋這一點？專家和政治人物躲在他們走平的曲線圖後，而不清楚解釋他們的目的是時間差，而不是長期降低病例數或死亡數。恐懼是他們最有效的武器，信任是第一個受害者。

政治人物和公共衛生官員在西班牙大流感期間也面對相同的問題，作者巴里清楚地解釋這個問題：

一九一八年當時瀰漫恐怖的氣氛，真正的恐怖。

但雖然疾病本身很恐怖，政府官員和媒體也協助創造了恐怖——不是藉由誇大疾病，而是淡化它，嘗試讓公眾放心[9]……從一九一八年我們學到一個最大的教訓是，政府在危機中必須說實話。風險溝通意味管理真相。你無法管理真相，你只能說出真相……。
公眾無法信任任何事，所以他們一無所知……讓社會瀕臨解體的是恐懼而不是疾病。

正如沃恩（Victor Vaughan）——他是一個仔細、慎重的人，一個說話不誇大的人——警告，文明可能再過幾週就消失。

一九一八年最後一個教訓——簡單但最難執行的教訓——是居高位者必須減少可能讓社會人心分歧的恐慌。如果人人只顧自己，社會將無法運作，文明也將崩潰。

另一個封鎖的理由，是它可以爭取開發疫苗的時間。一旦社會大眾可以施打疫苗，拯救的生命將足以彌補封鎖經濟的成本。這將使病毒不具殺傷力，終結瘟疫，並可在相對無風險的情況下全面重新啟動經濟。

疫苗這個理由只有一個問題：有效的疫苗出現的可能性不高。史丹福大學醫學教授巴塔查亞（Jay Bhattacharya）博士簡潔地解釋說：「人類冠狀病毒沒有任何疫苗……我們沒有一種疫苗可以對付它們。」[10] 巴塔查亞特別指出華爾街的議論和對「銀子彈」和「奇蹟藥物」的狂熱經常忽略的一點：新型冠狀病毒不是一種流感病毒，新冠肺炎不是流感，我們面對的是一種新病毒和我們不了解的神祕疾病。

許多死於新冠肺炎的人確實是因為流感或肺炎而死，研究這兩種疾病的新疫苗將有助於降低新冠肺炎的死亡率。任何發展中的藥品若能減少痛苦、改善呼吸或治療嚴重的症狀就有其價值，而且將使這種疾病更容易管理。我們希望這些藥品能一如預期地發揮效用，但它們無法治癒這種疾病。愛滋病很適合拿來做比較。有一些藥合併使用可以減輕愛滋病的副作用、緩解症狀，並讓患者活得更久和過相對正常的生活，只要他們遵循醫囑服藥。它們是很好的藥，但無法治癒愛滋病。

有很多致力於開發新冠肺炎治療藥的研究，而且研發資金充沛。雖然可以賺進豐厚利潤，但現在的動機似乎是真正想拯救生命和杜絕瘟疫。二〇二一年年初可望有一款疫苗問世，雖然部分病毒學家警告需要的時間可能更長，[11] 而即使疫苗成功也必須考慮病毒的變異。藥品公司製造的疫苗只能針對特定病毒產生抗體，但如果病毒變異成更致命的形式，抗體將無法阻擋變異的病毒。

中國和西班牙近日進行的兩項研究顯示，新型冠狀病毒感染者產生的抗體最快可能在三週內大幅減少。[12] 參與研究的西班牙學者之一雅蒂（Raquel Yotti）說：「免疫力可能不完全，很快就消失，只能維持很短的時間。」[13] 這些研究的重點是，即使疫苗研發出來，要是產生的抗體幾週後就消失，它的效用可能有限。疫苗研發必須持續不斷並獲得全力支持，但為研發爭取時間絕不是摧毀經濟的好理由。

也許主張封鎖的專家最大的錯誤是，他們完全未考慮成本。如果封鎖無需成本或只帶來微小的不便，那就不成問題，因為即使只達成預期的一小部分成效就足以彌補成本。但封鎖的確是需要成本的。

封鎖的成本是，超過四兆美元的資產價值遭摧毀和二兆美元經濟產出的損失。也許流行病學家和病毒學家浸淫於科學世界而不熟悉經濟學的真實世界，如果是這樣，政治領導人就有義務帶頭平衡互相衝突的考量。現在是許多醫生逾越了他們的職權，而許多政治人物未能阻止。

除了經濟成本外，還有許多反對封鎖的成本，第一個是喪失免疫力。如果我們都在家工作（假如可以的話）以避開新型冠狀病毒，我們同時也無法接觸平常會碰上的各種其他病毒和細菌，這些接觸有助於我們維持免疫力。如果停留在一個地方，我們的免疫系統將弱化；當再度外出時，那些病毒和細菌將等著我們，有許多人將因為失去免疫力而生病和死亡。

實施封鎖是為了減少感染新冠肺炎導致的死亡，這在短期內可能有效，但長期的效果值得懷疑。然而為了拯救生命將使多少人死亡？截至寫本書時，美國因新冠肺炎而死亡的總人數已超過二十萬人。這個數字預期到二〇二一年將達到五十萬人。不管有沒有封鎖，這些死亡大多數仍會發生。據疾病防治中心估計，封鎖本身拯救的生命相對很少。該中心最新的估計顯示，有症狀的感染者致死率為〇．六五％，而且估計有症狀感染者佔所有感染者的比率為四〇％。這意味總感染者的致死率為〇．三九％：略高於季節性流感，但低於一九五七年、一九六八年和二〇〇九年的大流行，而之前的這三次瘟疫並未實施封鎖。[14]《刺胳針》發表的另一項研究指出：「完全封鎖和大範圍的新冠病毒檢測，與重症病例或整體死亡人數降低沒有關聯。」[15] 就死亡人數來說，封鎖並不管用。

封鎖的社會成本又如何？

美國經濟研究所的發現顯示，美國失業率（包括脫離勞動力者）每上升一％，使用鴉片類藥物致死的人數就增加三．六％。[16] 如果失業率保守估計為二〇％（包括脫離勞動力者），封鎖導致的鴉片類藥物使用致死人數將增加二萬八千七百九十七人。封鎖直接的有害效應導致使用其他藥物、酗酒、自殺和家暴，所增加的死亡人數估計可能達到五萬人或更多。加州核桃溪約翰密耳醫療中心（John Muir Medical Center）迪波伊斯布蘭克（Michael deBoisblanc）博士說：「這些數字史無前例。」[17] 他在二〇二〇年五月二十一日結束的短短四週就看到「一年期間才會發生的自殺案例」。

封鎖的成本不只是數兆美元的財富損失和數萬名與封鎖有關的死亡人數，許多人因為害怕在醫院感染新冠肺炎而延遲就醫，最後死於心臟病發作和癌症。孤獨、隔絕和失望造成毒害心理和生理健康的結果，教育進步因此而卻步，特別對年輕人影響最大。社群遭到摧毀、創業家因為理髮或開放健身房而遭逮捕。憲法賦予的宗教和生活的自由權利在未經正當法律程序下被否絕，從聯邦、州和地方層級的小官僚獲得決定人民生活的獨裁權力，目的是什麼？這種毀壞財富、剝奪權力和社群退化的發展，受到流行病學家和病毒學家的支持，而他們對法律、經濟學或社會學一無所知，卻獲得驚慌失措但害怕領導的政治人物的授權。

即使是像戴口罩這種簡單明瞭的話題也引起專家間的爭論不休。佛奇博士在二〇二〇年六月十六日對記者說：「口罩無法百分之百保護你，但戴口罩絕對比不戴口罩好。」[18] 二〇二〇年六月二十五日，前疾病防治中心主任費和平（Tom Frieden）博士告訴《紐約時報》：「如果你在附近沒有人的戶外，你不需要戴口罩；如果你在一個沒有新冠疫情的社區，你不需要戴口罩。」[19] 事實上，兩位專家都對，而且有資格評論。但我們不應怪罪公眾聽到「專家」說這些聽來矛盾的話時，會感到混淆和不信任。

封鎖的支持者嘗試駁斥批評者，說他們把金錢置於人命之上，最強烈主張這個觀點的人是得過諾貝爾獎的經濟學家克魯曼（Paul Krugman）。他在標題為「多少人將為道瓊指數喪命？」的專欄文章中說：「川普和他的黨希望全速開放經濟，不管那將導致多少人命的損失，……他們真正的立場是，美國人必須為道瓊指數而死。」[20] 身為經濟學家的克魯曼在一九九〇年代做過一些傑出的研究，但身為專欄作家的他此後幾乎每一件事都做錯。

政策制定者每天在潛在的死亡與安全和效率間權衡輕重，把速限從每小時降到四十哩將可以拯救性命，但我們不這麼做是因為它的成本太高和沒有效率，如果你真的很在意，你可以不開車。工廠安全規定的設計是為了保護工人，但我們會避免極端是因為必須做工作，工人經過訓練，而且被告知有哪些風險，如果工人認為無法接受風險，大可到別處工作。重點是這種利弊權衡不斷發生，從政策觀點和個人選擇來看都是如此。克魯曼由上而下的理論是典型的學究方法，也凸顯出官僚體系傾向於採用獨裁的解決方案。解封經濟將導致一些人死亡和拯救一些人，個人可能選擇留在家裡，而且有些人會選擇如此，這就是自由所代表的意義。

最後，封鎖的科學基礎是什麼？付出龐大成本卻帶來如此微小利益的封鎖計畫，當初又是怎麼來的？

疾病防治中心審查了一篇二〇〇六年十一月發表的論文，並據以擬訂後來的封鎖計畫。[21] 該論文的共同作者葛拉斯（Robert J. Glass）是桑迪亞國家實驗室的複雜性分析師，但沒有免疫學或流行病學的專長；另一位共同作者是十四歲的公立高中學生，他在課堂計畫中設計了一套複雜系統模型。兩位作者表明獲得倫敦帝國學院疾病模型設計者弗格森（Neil Ferguson）的協助，而弗格森曾在承認「判斷錯誤」後從英國政府的職位辭職，[22]而且他的瘟疫社交距離模型備受各方批評。疾病防治中心以這篇論文作為根本，擬訂一百零九頁的封鎖草案，並於二〇〇七年二月公布。[23]這篇二〇〇六年的疾病防治中心論文和初始的二〇〇七年疾病防治中心計畫，是應小布希總統要求為因應二〇〇六年禽流感爆發所訂。小布希在禽流感爆發期間曾讀過一九一八年西班牙流感的詳細歷史，並希望政府為下一場瘟疫預做準備。[24]這套草案在歐巴馬政府進行的五年評估後，於二〇一七年經疾病防治中心再度修訂。[25]最後，川普政府在二〇二〇年新冠病毒疫情時根據這套計畫執行封鎖。疾病防治中心要求美國做的，就是回到中世紀。

這整個政策程序的原罪是，二〇〇六年論文的共同作者葛拉斯不是瘟疫專家。他熟悉牽涉所謂「自主代理」（autonomous agents；由電腦程式創造）的複雜理論模型，其基礎是在設定的反應模式下與既定改變項目的交互作用。我在洛斯阿拉莫斯國家實驗室曾進行這類研究，該實驗室離葛拉斯在桑迪亞（Sandia）的家不遠。這種模型對模擬和若干種類的預測很有用，但有許多不容輕忽的限制，包括它是在黑箱中進行的，不牽涉真實的人，而且它在考量不同的假想情況和外在的機會成本方面有弱點。葛拉斯模型的產出毫無價值，因為模型的假設沒有彈性，並忽視人類行為。人類原本就會抗拒政府的獨裁，只要有管道就會堅持社會互動。葛拉斯忽視這些限制，並以僵硬、不符現實的假想設計封鎖模型，其餘的過失則由疾病防治中心包辦。

論文、草案和修訂的計畫，包含「行為準則」和「社區減災干預」等標題。二〇一七年最終計畫的檢核項目包括「暫時關閉學校」、「修改、延遲或取消大型公眾活動」，和「創造人與人的實體距離」等建議。[26]整個封鎖的假設情況是根據小布希、歐巴馬和川普政府以一個對疾病、行為心理學或經濟學一無所知的科學家寫的論文做成的，這是官僚體制的失靈，而它製造出我們今日的現況，導致人命損失，並摧毀數以兆美元計的財富。

當時的專家也是這麼說。反對官僚封鎖計畫最有力的聲音，來自約翰霍普金斯彭博公共衛生學院院長韓德森（D. A. Henderson）博士，一位以成功領導消滅天花而獲得總統自由獎章的知名學者。韓德森在二〇〇六年共同寫作一篇論文，駁斥葛拉斯的研究和疾病防治中心的草案，[27]韓德森的論文寫道：「從歷史來看，避免流感進口到一個國家或政治管轄地向來不可能辦到，而且沒有證據顯示，任何特定的疾病減緩措施能顯著減緩流感的傳播……大規模隔離的負面影響如此巨大（強迫病人與未染病者隔離；完全限制大量人口移動……），以致於這種減緩措施應被排除在嚴肅的考慮之外……旅遊限制，例如關閉機場……過去的經驗顯示沒有效果……而且在現代的效果可能更小。」

在非流行病學家和官僚全力走向封鎖之路的同時，嚴肅的病毒學家和流行病學家卻警告封鎖行不通。他們是對的。韓德森和他的共同作者支持根據常識採取的措施如自我隔離、洗手、保護裝備和落實呼吸道衛生，並警告像全國封鎖這類極端措施不會奏效。他們的結論遭到疾病防治中心和川普總統的新冠病毒工作小組忽視，而美國則為此付出代價。

封鎖的運作機制最清楚的解釋來自史賓尼（Laura Spinney）對西班牙大流感的記述《蒼白騎士》（*Pale Rider*）。史賓尼的看法不是封鎖本身無法奏效，而是因為強制和不信任而無法奏效。她寫道：

> 在未來的流感瘟疫中，衛生當局將採取像隔離、關閉學校和禁止群眾集會的控制措施。[28]這些措施將是為了我們的集體利益，那麼我們如何確保每個人遵循？……經驗顯示，人對強制衛生措施的容忍度很低，且這類措施在他們是自願性的、當他們尊重且依賴個人選擇，和當他們避免使用警力時最有效……以二〇一六年的數字來看……在疾病防治中心建議採用這種措施前，將有超過三百萬名美國人已經死亡——在組織相信強制

措施無法奏效前。

如果在人們選擇自由遵守時的疾病控制效果最好，那麼人們必須先清楚知道疾病的性質，和它帶來的風險……。

審查和淡化危險不會奏效，以客觀和及時的方式公開正確的資訊才有效……信任不是可以快速建立的東西。如果在瘟疫出現時信任不存在，那麼不管資訊傳播做得多好，也可能沒有人會注意。

史賓尼在二〇一七年新冠疫情發生前寫了上述內容。她的根據是一九一八年的教訓，她建議採取自願遵守、個人選擇和避免使用警力，她強調正確的資訊和信任。美國的領導人在二〇二〇年採用強制而非自願的規定，警方採取嚴厲的逮捕和以路障封鎖的方法，官方資訊提供虛假的保證和忽視危險。信任在瘟疫之初已經很脆弱，到最後則蕩然無存。官方的行動忽視歷史教訓和常識判斷，封鎖的失敗應該是在意料之中。

封鎖措施到最後是否拯救了生命？是的，雖然它犧牲的生命可能超過拯救的生命，但它確實拯救了生命。戒嚴令可能拯救的生命還會更多，至少短期來看是如此，但它可能會摧毀國家。

拯救多少人不是唯一的標準，採用遠為非侵入性的措施拯救的生命可能還更多。政府的封鎖計畫不留空間給自願行為和常識，它未考慮外部的成本，包括因為絕望帶來的死亡、免疫力降低，和原本可以避免的數兆美元財富損失和產出減少。封鎖不管用的鮮活證據出現於二〇二〇年十月二日，當時白宮宣布川普總統和第一夫人梅蘭妮亞（Melania Trump）病毒檢測呈陽性。不管封鎖或不封鎖，病毒終究還是得逞了。封鎖既不必要也缺乏效果，這是菁英專家終極的失敗。替代選項是存在的，封鎖是一個世界史上的大錯誤。

現在我們將轉向具體的經濟面向，它是這個大錯誤首當其衝的受害者。

｜第三章｜

下一波經濟大蕭條

這場悲劇性的新冠肺炎震撼發生才幾個月，已經有人擔心華爾街將再度欣欣向榮，同時商業活動將蒙受其害……如果目前的資產價格未能獲得經濟明顯復甦的確認，那麼不只是經濟和市場的長期健全將面臨危險，整個體制和社會也將陷於險境。[1]

——伊爾艾朗（Mohamed A. El-Erian），《外交政策》（*Foreign Policy*），2020年5月29日

市場崩盤通常讓未來的世代對特定日期的事件留下難以磨滅的印象。一八六九年九月二十四日黑色星期五，是古爾德（Jay Gould）和費斯克（Jim Fisk）炒作黃金市場失敗的日期，道瓊工業指數在一天內下跌一二．八二%，觸發了後來的第一次大蕭條；道瓊指數第二天再跌一一．七三%，使兩天的跌幅達到二三%。另一次黑色星期一發生於一九八七年十月十九日，道瓊指數當天重挫二二．六%，創下史上最大單日跌幅。今日大多數人還記得二〇〇八年九月十五日雷曼兄弟公司創下美國史上最大的破產案，股市當天反應冷淡，道瓊僅跌四．五%，但那只是一連串股市下跌的開始；一直到二〇〇九年三月六日股市觸底時，道瓊指數已再跌三九%。雖然這些日期具有代表性，但它們的發生並非獨立的事件。一八六九年炒作黃金市場崩盤之前的金價大幅飆漲。一九二九年十月二十八日黑色星期一股市崩盤之前是十月二十四的黑色星期四，當天股市開盤一度重挫一一%，但收盤時回升到只下跌約二%。同樣的，在雷曼兄弟倒閉前股市已經開始下跌，因為貝爾斯登（Bear Stearns）、房利美（Fannie Mae）和房地美（Freddie Mac）一連串倒閉事件，已反映在二〇〇八年三月到七月的市場行情。每一次大崩盤之前都出現被大多數人忽視的警訊。

新經濟大蕭條的日期始於二〇二〇年二月二十四日，當天股市開盤重挫後便江河日下，直到二〇二〇年三月二十三日跌至谷底，道瓊指數總共下跌了三六%。二月二十四日股市並非處於歷史高點，高點是在幾天前出現；跌到三月二十三日的低點並非直線下挫，中間有幾天回升。

二月二十四日的新黑色星期一與正常的市場波動不同之處，是全球瘟疫的消息引發的震撼。這場震撼並非來自中國，那已經是舊消息，震撼來自義大利。二月二十一日義大利的新增病例從幾近零增加為十七人，二十二日為四十二人，二十三日則為九十三人。

二月二十三日週日晚上，我發了一則警告的推文：

> 華爾街面對了新冠病毒來算總帳的日子。沒有人相信中國的數字，但市場卻受到這些數字呈現有利趨勢的鼓舞。這算什麼？
>
> 在此同時，來自南韓、日本、伊朗和義大利的可靠資料則顯示病毒已經失控。

到了二月二十四日股市開盤時，交易員已看到義大利的病例在一天內增加三倍，隔天再增加兩倍多。讓交易員嚇壞的不是病例的絕對數字，它們相對還很少，驚人的是它們呈現的指數性增加。那是瘟疫已經失控的明確跡象，而且情況將繼續惡化。更令人擔心的是，疾病已從中國傳到義大利，那表示它將傳到世界各地，且可能已經如此。相信中國的問題可能受到控制是一回事，意識到病毒散播已經失控且整個世界遭受威脅是另一回事。所以那是二月二十四日市場開盤氣氛丕變的原因，新經濟大蕭條從此開始。

新經濟大蕭條是一則以數字計算的財富損失和產出減少的故事；更重要的是，它是一則就業減少、生意虧損和夢想破滅的人的故事；最後，它也是一則經濟將何去何從、攸關未來的故事。這三個面向將是本章討論的主題。

崩盤

美國股市在二月二十四日週一下跌三．六%，比起後來的跌幅，當天的下跌幅度不大，在道瓊歷史跌幅只排名第二十大。但它在許多方面透露了凶兆，象徵市場參與者心理上的分野。在二月二十四日前，市場的下跌和上漲有序輪替進行，市場指數始終接近歷史高點。市場已學習與「武漢流感」共存，並傾向於認為中國的問題已獲得控制。二月二十四日是市場參與者張開眼睛的一天，他們更真切地看到全球性瘟疫的現況，並開始根據較現實的新假設重估股價。股市向來展望未來而忽視根據現狀計算的今日價格，這自然有其道理，但並不是說市場總是能看得清楚。市場根據所見的事件估算價格，但對所見事件的了解往往與真相大不相同。當誤解出現時，真相與市場見解間的張力便逐漸升高；真相永遠勝出，但可能需要時間。從一月底到二月二十一日市場普遍對中國和新冠肺炎抱持樂觀看法，表面上病例數逐漸減少，病毒可望獲得控制。在二月二十二日到二十三日的週末，義大利的數據粉碎了對中國的幻想。二月二十四日週一，魔咒已被打破，市場終於接受全球病毒危機的現實。

此後市場無情地展開崩跌。二〇二〇年三月九日，股市重挫七・七九％（道瓊指數跌二〇一三點）；三月十二日，股市再挫九・九九％（道瓊跌二三五二點）；三月十六日，股市崩落一二・九三％（道瓊跌二九九七點），三次下跌在股市單日跌幅史上都是前二十名。三月十二日和三月十六日的單日跌幅更排名史上前五大，三月十六日則為史上第二，超過第一次大蕭條初始幾日的跌幅，也大於除了一九八七年十月十九日重挫二二・六％以外的任何一日。一九八七年崩盤後設置用來停止交易的熔斷機制（circuit breakers）被不斷觸發，如果以每日跌點而非跌幅來看，史上出現過的十大單日跌點中有八次出現在二〇二〇年二月或三月。從二月十二日出現的道瓊指數歷史高點二九五五〇點，到三月二十三日的波段低點一八五九一點，跌幅高達三七％。這是史無前例的大崩盤，歷來最長的多頭市場已死。

華爾街的啦啦隊出現在金融媒體上，急著指出三七％的崩盤遠遠不如大蕭條期間道瓊指數下跌的八九・二％。這麼方便的數字比較忽視了八九・二％崩跌花了三年時間（一九二九年至一九三二年）的事實。道瓊在一九二九年下跌一七・二％、一九三〇年下跌三三・

八%、一九三一年跌五二．七%，和一九三二年跌二二．六%。新冠肺炎的崩跌三七%沒有花三年，而是只有六週。沒有人有把握未來的情況不會更糟。

股市從三月底到九月初展開令人刮目相看的漲勢，收復幾乎所有跌幅。這被華爾街誇耀為最糟的情況已經過去的跡象，經濟很快解除封鎖，堅實的V型復甦（下跌快，上漲也快）已經在望。但歷史經驗並非如此。

從一九二九到一九三二年下跌八九．二%的過程中，道瓊曾出現一些亮眼的回升走勢，讓華爾街燃起最糟狀況已經過去的希望。股市從一九二九年十一月十七日到一九三〇年四月二十日上漲了二八．六%；從一九三〇年六月二十二日到九月七日上漲一三．二%；一九三一年一月十八日到二月二十二日股市又漲一七．五%；最後，從一九三一年五月三十一日到六月二十八日上漲了二二．二%，這些雙位數比率的上漲發生在史上最大的下跌行情中間。股價記錄道盡故事始末，一九二九年的上漲從道瓊二二八點起漲，一九三〇年的上漲從道瓊二一五點開始，一九三一年一月的上漲始於道瓊一六三點，一九三一年的上漲則從道瓊一二八點起漲。這些漲勢（和較小的其他上漲）發生在道瓊從三八〇點展開漫長而無情的跌勢期間，一直跌到一九三二年七月谷底的四二點。這其中不是沒有上漲的波段，也不是沒有一些投資人賺到錢，而是這些上漲的波段無法反映長期的趨勢：推動長期趨勢的力量遠大於短期波動和一廂情願的想法。

雖然整個大環境極為險峻，第一次大蕭條期間空頭市場中的上漲波段，可以從技術面（在一些階段，市場下跌過快和幅度過大，使交易者認為行情勢必回升）和基本面（偶爾會有利多，例如胡佛總統〔Herbert Hoover〕的復甦計畫刺激股市回升）因素來解釋。但同樣的因素無法用來解釋二十一世紀抵押貸款市場崩跌（二〇〇七到二〇〇八年）、經濟復甦史無前例的疲弱（二〇〇九到二〇一九年），以及瘟疫（二〇二〇年）等期間股市的上漲。資產價格膨脹，尤其是股價，主要是被動投資、指數化、指數股票型基金（一種迷你指數）、買回自家股票（實際上是執行長選擇權方案和技術性稅務優惠驅動的結算）、自動交易以「低檔買進」，以及特別是聯準會印鈔和大到不能倒思維而不容許市場下跌等因素造成的。在這種環境下，不能怪投資人爭相投入股市想賺一把。

這些二十一世紀的發明並非市場之福。當主動型投資人不再進行價格發現時，被動投資和指數化的動力將耗竭；當槓桿不再可得和公司的現金流遭侵蝕時，股票買回的力量將用盡。當真正的資金退場觀望時，電腦程式將成為股價下跌前僅剩的買方，自動交易大軍可以繼續轉向其他市場。聯準會將發現，當流通速度（velocity）因為聯準會從來不了解的心理因素而驟減時，印鈔票就再也起不了刺激作用。這種把戲已被看穿，剩下來的就是瘟疫、失業和對未來的恐懼這些巨大的力量。

標準普爾五百指數的模式反映出這些情況。該指數在二〇二〇年二月十九日攀至歷來最高的三三八六點，然後因為新冠肺炎瘟疫蔓延而開始崩跌。病例人數劇增和失業率飆升讓它在三月四日第二度重挫（從之前的一波小漲）。標普指數在三月二十三日跌至二二三七點低谷，距離高點已有三三％的跌幅，然後展開一波亮麗的回升走勢到九月二日的三五八〇點，從低谷漲升了六〇％，並且創下歷史新高價。

標普指數是一項市值加權指數，意思是有較大市值公司的股價對整體指數的漲跌會有較大的影響。標普五百指數的高市值公司是大家熟悉的科技巨人，即亞馬遜（Amazon）、蘋果（Apple）、微軟（Microsoft）、Netflix、Facebook和Alphabet（即Google）。這些股票的共同點是對實體零售空間的依賴較小，蘋果有商店，但它們既是銷售店，也是展示間和諮詢中心；亞馬遜擁有全食超市（Whole Foods），但也跨入透過亞馬遜網站下訂單的住家快遞市場。除此之外，這些公司都是大型數位網路公司，提供軟體、串流服務、搜尋、廣告等產品與服務。在這些公司支配市值權值的情況下，稱呼標普五百指數為「標普六指數」可能更合乎現實。

類似的模式出現在以三十家公司為成分公司的道瓊工業指數。這項指數並非以市值加權，而是根據一套複雜的股價公式來計算。但這些成分公司包括了蘋果、思科（Cisco）、

IBM、英特爾（Intel）和微軟等科技公司。道瓊也包含電信公司和媒體公司，例如威瑞森（Verizon）和迪士尼（Disney），以及金融公司如美國運通（American Express）、高盛（Goldman Sachs）、摩根大通（JPMorgan Chase）、旅行家（Travelers）和威士（Visa）。這些公司總共佔道瓊成分公司的四〇%。雖然所有企業都受到瘟疫影響，但科技、電信、媒體和金融業受到的影響遠小於製造業、運輸業和零售業。同樣的，那斯達克（Nasdaq）綜合指數是一項以科技為主的知名指數。總之，我們的主要股價指數背離了真實的經濟，似乎不受六千萬名美國人剛失業和中小型企業幾乎全軍覆沒的影響。

今日的股票不是透過人來交易，它們幾乎全透過機器人。這些機器人被訓練閱讀財務報表、跟隨買賣單並立即採取行動。基本面因素不重要（至少在短期），如果運算法告訴機器人「跟隨刺激措施買指數」，那麼每次聯準會主席鮑爾（Jay Powelle）公開發言時，機器人就買進指數。如果運算法告訴機器人「跟隨更多赤字支出買指數」，每次麥康諾（Mitch McConnelle）和裴洛西（Nancy Pelosi）握手（或碰觸手肘）達成新支出協議時，機器人就買進指數。機器人不思考、不分析，而且不展望未來。它們只是遵照指令行事。

最後，現實侵入。即使對機器人來說，破產也是警訊。美國人可能不了解第二波病毒的嚴重性，但他們了解破產。他們可能直接受破產影響，如果你的僱主破產或你的股票變成廢紙，你就能完全了解。即使是不受影響的美國人也感覺到，他們的公司可能很快也會破產，他們可能下個月也會失業，或他們的投資組合將隨著個別的股票暴跌而減損價值。

蕭條不只是統計數字，蕭條是失業和擔心沒有錢繳房租、買餐桌上的食物、尋求醫療照護，和讓孩子受良好教育等個人創傷的可計算總和。失業不只影響你的薪水支票，還影響了尊嚴、自信和未來的前景。而且蕭條不只是失業而已，企業遭到摧毀，運氣好的話是虧損。漣漪效應擴大到社區和整個城市。蕭條的衝擊很深，且持續很久；它可能跨越世代，正如第一次大蕭條的情況。

不過，統計數字可以幫助我們衡量蕭條的深度，作為了解人、企業和社群遭受多大程度影響的方法。它們也能證明這是一場蕭條，而不是另一波衰退。二〇〇八年和一九二九年的金融危機並不是有意義的基準；一九九八年和一九八七年的市場恐慌雖然危及全球金融穩定，卻很快平息，且只直接影響少數人。但這次的蕭條不同，而且數據有助於我們了解箇中原因。

第一、也是最明顯的一點是，超過六千萬名美國人在二〇二〇年三月一日到十月一日間失業，這些失業者將很快重獲就業的說法是謊言。失業將先是減緩，然後停止。復甦將開始，但這不表示那六千萬名美國人回到工作崗位。每個月增加一百多萬就業人口（以歷史標準來看是個大數字）且持續三年，將不足以讓就業率恢復到二〇二〇年二月的水準。這項（虛假的）預測還忽略了一個重點，即有許多工作再也沒有恢復。在封鎖期間關門並裁撤二十名員工的餐廳，不會在重新開張時回僱所有二十名員工；它可能重新僱用十人，並觀望情況的發展。情況很可能不順利，保持社交距離意味餐桌數會減少，被容許進入的顧客人數受限制，顧客本身因為餘悸猶存而不會全部回流餐廳。當然，這是假設餐廳重新開張；有許多餐廳不會重新開張，而是永遠結束營業。另一方面，未被重新僱用的侍者和酒保會喪失技術和關係，有一些人會離開勞動力人口，甚至達到雖在技術上不符合政府對失業的定義、但在一般看法上屬於失業的程度。

餐廳的例子是真實的，但只是眾多例子之一。主題標籤＃WFH（在家工作）在封鎖期間已變得無所不在。有數百萬人在家工作。僱主發現這個模式運作得比讓員工擠在市區辦公大樓上班還要好，除了可以減少後勤成本外，還可節省每年數百萬小時的通勤時間和數百萬美元的房租、保險和修繕費用。新的辦公模式將佔用較少樓層面積、共用的會議室、按日租用的辦公室，和僱用較少的接待員與辦事員。僱主將在辦公室設置儲物櫃供到班人員使用，讓他們下班時把物品置於櫃中，其他時候他們將在家工作。這對僱主來說是好事，但閒置的辦公室空間、房東的租金、遭裁撤的清潔工、攤販和街頭餐車及餐廳的銷售、空蕩的火車和巴士，以及午餐時間的購物呢？它們全都消失，或減少了八〇％。生活將繼續過，但非主要的工作和生產將難以為繼。這就是蕭條和衰退的差別，在蕭條時，情況不會恢復正常，因為正常已不復存在。

這不是揣測，而是已經呈現在數據上的事實。在二〇二〇年五月，只有三二％的零售商店正常繳房租，其他行業的繳房租比率為：餐廳和酒吧三二％、旅館等住宿業一八％、健身房和運動設施二六％、汽車銷售和服務業二九％、美髮美甲沙龍二五％，而其他行業類別的欠繳房租數據也一樣令人驚心。駁斥這些行業都是小企業是罔顧事實，中小型企業佔總就業人口近五〇％，創造的產品與勞務總值佔GDP的四五％。以就業和產值來看，它們整體遠比蘋果、微軟、Facebook和Google加起來還重要。欠繳房租意味它們已瀕臨倒閉（最壞的情況），或必須重新協商租約（最好的情況）。這無法靠赤字支出、印鈔票或股市上漲來彌補，它們是痛苦的半永久性損失。

封鎖在大多數地區持續了一百天，但在一些地方反覆實施。一般企業在沒有營收的情況下可以支付帳單和保持現金平衡多久？對餐廳來說，極限是十六天，零售商則是十九天；專業服務業者如律師和會計師事務所，大約可維持三十三天；個人服務事業如沙龍和造型師可以維持二十一天；還有其他無數事業類別，所有小事業的平均天數為二十七天。小事業通常沒有高額的營運資金，它們仰賴營收來支付員工和進貨商，只有少量現金緩衝。封鎖持續的時間比現金平衡能支持的時間長，意味小企業若不是關門（保留可用的現金，雖然也沒有營收），就是借錢填補缺口，或者是破產。

這些估計數字已發生在現實生活。二〇二〇年九月二十一日，《紐約郵報》（*New York Post*）報導紐約市近九〇%的酒吧和餐廳未支付八月的房租。[2] 熱門的服務目錄和評論網站「Yelp」報導，其登錄的九萬七千九百六十六家事業，在二〇二〇年三月一日到八月三十一日標記為「永久停業」。

除了特定地方發生自然災害或像九一一攻擊或南北戰爭等大災難外，這種情況在美國歷史上從未發生。第一次大蕭條期間有許多事業倒閉，但沒有全面性的封鎖；一九一八年西班牙大流感也沒有廣泛的企業封鎖（運動賽事等大型集會在若干城市被禁止）。西班牙大流感估計造成五千萬到一億人死亡，但全球經濟仍持續運作，且瘟疫後的企業在大多數已發展經濟體強勁擴張。因為新冠肺炎而發生在美國經濟的狀況是前所未聞的。

雖然小企業在封鎖中首當其衝而蒙受營收損失，不過大企業也無法倖免，二〇二〇年五月大型企業破產家數（負債超過五千萬美元以上）是二〇〇九年以來五月的最高紀錄。但二〇〇九年五月正值二〇〇七至二〇〇九年衰退即將結束，振興措施已經用盡且現金逐漸告罄；二〇二〇年五月則接近新經濟大蕭條的開始，大型公司聲請破產件數在接續的幾個月將大增。[3]蕭條吞噬的知名企業包括布克兄弟（Brooks Brothers）、潘尼（J. C. Penney）、Pier 1 Imports、J. Crew、尼曼馬可斯（Neiman Marcus）、赫茲（Hertz）、前線通訊（Frontier Communications）、切薩皮克能源（Chesapeake）和金牌健身中心（Gold's Gym）。破產律師透露他們正處理更多聲請破產案件，這些破產案件大多數未進行清算，而是屬於重整類別。這表示破產的公司能繼續營業，債權人則暫時被法律程序凍結，除了在法律監管下，否則不得聲請償債。重整破產計畫通常包括大規模裁員、關閉廠房、中止租賃，以及退休金與福利縮水。營業雖可繼續，但就業和供應鏈仍然受害。同樣的，它們也是永久性的損失，破產企業無法迅速復甦。

其他經濟指標一樣糟糕。二〇二〇年六月八日，經濟衰退的判定機構國家經濟研究局（NBER）宣告，美國經濟在二〇二〇年進入衰退。[4]當然，那只表示技術性衰退，宣告中未提及蕭條；蕭條是遠為嚴重的問題，但國家經濟研究局完全忽略它。二〇二〇年五月美國的成屋待完成銷售（pending home sales）比前一年同期劇減三五%，超過二〇〇七至二〇〇九年房貸危機期間的減幅。Ward's汽車調查報告顯示，美國的汽車銷售從三月的近一千七百萬輛（年化），四月減少到不及九百萬輛（年化），一個月內暴減四七%；五月的汽車銷售回升到略超過一千二百萬輛，但仍比新冠疫情前的水準少三〇％。供給管理協會（ＩＳＭ）的製造業採購經理人指數（ＰＭＩ）從二〇二〇年三月的五一．〇（顯示幾乎未擴張），掉到五月的四三．一（顯示嚴重萎縮）。

美國商務部報告二〇二〇年四月美國的貿易逆差為四百九十四億美元。貿易逆差是ＧＤＰ的拖累，但這並非國際貿易報告的重要部分，逆差只是出口減去進口的淨額。四月的出口比三月減少二〇．五％，而同期的進口減少一三．七％。貿易順差或逆差的重要性比不上世界貿易的水準，備受重視的經濟研究公司凱投巨集觀（Capital Economics）在二〇二〇年六月二十五日公布報告說，四月的世界貿易數據顯示「有史以來世界貿易最大的月減幅」。[5]我們正目睹世界貿易發生全面的萎縮，以全球出口（而非國家的貿易順差或逆差）計算的世界貿易萎縮是第一次大蕭條的主要特徵之一，而它也出現在新經濟大蕭條。

美國ＧＤＰ年率在二〇二〇年第一季萎縮五％，幅度大於二〇〇七至二〇〇九年衰退的谷底，即二〇〇九年第一季減退四．四％。二〇二〇年第一季得到一月和二月景氣相對較好的緩衝，但凸顯了三月經濟崩跌的深度。

二〇二〇年七月三十日報告的第二季ＧＤＰ是一場災難：打破美國經濟史上表現最差的紀錄，年化的實質ＧＤＰ減少三二．九％；未年化的ＧＤＰ則減少九．五％，也是歷來最差的紀錄。以美國經濟規模二十二兆美元來計算，第二季GDP減少了二·一兆美元，遠遠超過二〇〇八到二〇〇九年，以及一九二九至一九三三年期間任何一季的減少金額，也創下美國史上單季生產減少的紀錄。這個數值相當於美國每個男人、女人和小孩的個人所得損失六千三百六十五美元；每個四口之家的所得損失超過二萬五千美元。這是史無前例的事。

埋在第二季GDP報告裡的，是另一個令人警醒的統計數字：GDP的通膨調整率為負二·一%，這表示通貨緊縮已經到來。名目GDP實際上比實質GDP糟，實質GDP因為通貨緊縮而提高，這表示債務人因為通貨緊縮增加了債務的價值而受到更大的打擊，高負債的美國本身首當其衝，持續的通貨緊縮升高了債務違約的風險。

美國的危險必須從更廣大的背景來檢視。蕭條是全球性的，其他國家的情況也不好。歐洲各國二〇二〇年全年的GDP預測如下：德國減少六·五%、希臘減少九·七%、西班牙減少九·四%、法國減少八·二%、義大利減少九·五%。二〇二〇年歐元區整體成長預估將減少七·七%。歐盟在瘟疫前的GDP為一八·七兆美元，預估減少七·七%意味二〇二〇年的生產將比二〇一九年減少一·四四兆美元。換算歐盟每個男人、女人和小孩的個人所得將損失三千二百三十美元，四口之家將損失一萬二千九百美元所得。這種損失的規模只有第二次世界大戰結束時的破壞堪與比擬。

國際貨幣基金（ＩＭＦ）同意這項對全球成長的慘淡預測。二〇二〇年六月二十四日，國際貨幣基金公布對二〇二〇年全球成長的修正預測，認為美國全年的ＧＤＰ將減少八%，[6]是第二次世界大戰後復員以來最嚴重的ＧＤＰ衰退。國際貨幣基金也預測二〇二〇年全球成長將減少三．九%，將是一九三〇年代大蕭條以來最差的全球經濟表現。這些預測與白宮散播的「被壓抑的需求」、快速成長的展望完全相左。國際貨幣基金預測正確的可能性比白宮大得多，而且也與其他專家的分析相符。

損失的生產代表的不只是企業營收損失和個人所得損失，它也意味州和地方政府的銷售稅、所得稅和貨物稅損失，以及聯邦政府的關稅損失，它們造成的衝擊已經明顯可見。二〇二〇年六月二十四日，紐約市市長白思豪（Bill de Blasio）警告，該市可能在幾個月內必須裁撤二萬二千名市政府員工。[7]那將是二〇一二年以來首次市政府員工遭裁員，也是一九七〇年代該市面臨破產以來最大規模的裁員。

我們將在下一章深入探究因應新經濟大蕭條的貨幣和財政對策。不過，只需要簡單的觀察就可以發現，在政府收入逐漸減少之際，失業救濟、醫療、應急措施、警察和其他緊急需求的支出卻迅速攀升，使得各級政府陷入以數十億美元計的赤字（在聯邦層次，赤字更以數兆美元計），而且沒有短期內復甦的希望。

華爾街的評論家指出，股市證明經濟正在快速回升，強勁的復甦即將來臨。股市確實已收復疫情爆發後的所有失土，從二〇二〇年四月到九月初呈現亮麗的漲勢，但股市在這段期間的表現與真實的經濟背離。市場的價格發現機制已被自動交易「逢低買進」、跟隨新聞報導，和強化勢頭的運算法取代。股市指數受少數大公司支配，而這些公司對大多數個人和企業面對的艱辛卻能免疫。二〇二〇年四月到九月的股市反映的是科技與金融業的展望（至少是短期的展望），卻無視於失業、成長、政府現金流劇減和經濟未來的前景。

新經濟大蕭條已經來臨，數據說明一切。股市不同意這個現實，但它最終仍得同意。真實的故事是蕭條對人們生活的衝擊，我們現在就來談談這個主題。

人民

美國已準備好面對第二波的新型冠狀病毒疫情，但可以確定的是他們還沒有準備好因應第二波正在逼近的裁員和失業。

這場瘟疫導致的蕭條引發美國歷史上從未發生過的裁員潮，不僅人數驚人，而且速度極快。二〇二〇年的失業在三個月內就達到蕭條級的規模，遠快於第一次大蕭條花了三年的時間。儘管情況如此惡劣，一些分析師很快就放鬆了戒心，相信最糟的情況已經過去，美國可望重新獲得那些失去的工作，即使是回不到瘟疫前幾年的超低失業率，也能回到較正常的失業水準。但明確的證據指出相反的結論。

美國的失業率在二〇二〇年五月三十一日攀至一三・三%，到二〇二〇年九月三十日跌回七・九%。我們沒有理由相信失業率會在未來幾年，從這個水準大幅下降到接近充分就業，這有兩個原因，第一是經濟在瘟疫前就已相當疲弱。白宮宣稱的「歷史上最好的經濟」只有在計算名目GDP時才正確，但不管任何時候用名目GDP計算，這種說法永遠是正確的，也因此毫無意義。有意義的是——也是美國人關心的——實質成長，因為那是就業的創造、企業的成長和創新發生的根本。上一波經濟擴張（二〇〇九至二〇一九年）期間的平均年成長率為二・二%，是美國歷史上最低的水準。大多數年成長率都很接近這個水準，而且沒有一年達到三%。重要的是，川普治理下的擴張期（二〇一七至二〇一九年）和歐巴馬主政的擴張期（二〇〇九至二〇一六年）成長率沒有明顯的差別。對照之下，從一九八〇年以來所有經濟擴張期的平均年成長率為三・二%。再早之前的一九五〇年代和一九六〇年代，平均年成長率則超過四%。

美國經濟在這次瘟疫前已屬疲弱，許多企業只是勉強維持營運，其中有許多考慮聲請破產。瘟疫是虛弱的企業進行大規模裁員、聲請破產、關閉分店，或完全停業的絕佳機會。第一波裁員（二〇二〇年三月到六月）在匆忙下進行，第二波裁員（二〇二〇年十月到二〇二一年底）則有備而來。

第一波裁員的目標是低薪資員工，包括零售店員、旅遊業員工、餐廳和酒吧服務員、沙龍員工和造型師、汽車銷售員、咖啡師，以及零工經濟的各式各樣從業人員。

第二波裁員需要更長的時間辨識表現最差的員工，並評估第一波裁員所損失的生產。這個程序正在進行中，更多的裁員通知書即將發出。第二波的目標將是薪資較高的專業人員，包括律師、會計師、銀行家、護理師、房地產經紀人、中階經理人、州級和市級政府僱員，和房地產開發商員工。一些員工將因整體經濟重挫導致輔助性的服務需求不振而被裁員，如果房子和汽車的購買減少，簽訂交易需要的律師和銀行家就會減少，其他人也會因為支持他們的稅基遭到嚴重侵蝕而被裁員。州和地方政府無法像聯邦政府那樣靠預算赤字或印鈔票運作，當稅收枯竭（一如已經發生的），這些工作將很快遭到裁撤。另外一些工作將因為它們是受影響產業的上游業者而流失，如果餐廳關閉，侍者和廚師將立即被裁員，支持餐廳的農人、漁夫、司機、洗衣房和其他服務供應者將會受到影響。隨著時間過去，那些上游業者的裁員很快就會發生。情況並非靜態的，而是高度動態的。當裁員在白領和上游業者之間擴大時，那些被裁員者將減少他們對餐廳和健身房的需求，進而讓原已遭到重創的行業雪上加霜。這種反饋迴圈就是蕭條與衰退的差別。

恢復就業很難的另一個原因是，許多在第一波遭裁員的藍領工人因為政府的失業救濟而生活反而變得更好，至少短期是如此。國會預算處（CBO）在二〇二〇年六月四日報告，八〇%領失業救濟金的人領到的錢將超過他們未被裁員可望領到的薪資。這不是對失業救濟政策或接受失業救濟者的批評，而只是一項阻礙就業快速復甦的事實。員工將選擇領失業救濟而不願另外找工作，或在有機會時回到舊工作。這項政府數據與一些餐廳業者和其他考慮恢復營業的店主提供的軼聞證據一致，他們都表示舊員工不願意回來工作。國會預算處的報告也與一個事實相符，即政府對所有人發放一次性的支票（成人一千二百美元、兒童五百美元），以及根據二〇二〇年《冠狀病毒援助、救濟和經濟安全法案》（CARES）實施的薪資保護計畫貸款，都比二〇二〇年三月和四月損失的個人所得優渥得多。支票和CARES法案貸款是一次性的救助，無法取代經濟蕭條造成的持續所得損失，但這些支付一如預期地緩衝了大規模裁員的衝擊，問題是，最嚴重的裁員和所得損失效應正要發生，而不是已經過去。

美國的就業市場究竟發生什麼事，可以從一項二〇〇三到二〇二〇年美國總就業的研究看到極戲劇性的變化。就業成長始於二〇〇一年衰退後的穩定復甦，總就業數從二〇〇三年的一億三千萬個工作增加到二〇〇七年年中的一億三千七百萬個。在全球金融危機中，美國從二〇〇七年年中到二〇〇九年年底損失九百萬個工作。到了二〇一〇年，總就業恢復到二〇〇三年的水準，但未超過。這就像是就業成長停滯了六年。在接下來的十年，美國增加逾二千萬個工作，先是在歐巴馬政府時期，然後在川普政府的頭三年。這段漫長的復甦（二〇〇九至二〇一九年）很疲弱，但也很穩定——是美國史上持續最久的經濟擴張期。

然後是新經濟大蕭條。美國從二〇二〇年三月到九月損失逾六千萬個工作，總就業現在已倒退到一九九〇年代的水準，就像就業成長停滯了三十年。這個倒退只花了六個月。

這麼大規模的就業損失無法以言語形容。雖然舉出統計數字很容易，卻無法傳達人們遭受到的衝擊。每一個失去的工作代表一個個人的創傷，讓被裁員的勞工墮入高度壓力的情況：不知道他們能否養活家人、支付抵押貸款、是否符合健保資格，或能不能負擔學費。當這個創傷擴大七千萬倍（不只計算失業的員工，也包括其家庭成員），或許我們可以想像美國遭到的集體創傷規模有多大了。

用一個更長遠的觀點來看，我們更能感受到這波新蕭條。想想自一九四八年以來的歷次衰退，其中包括一九七三至一九七五年、一九八一至一九八二年，以及二〇〇八年的全球金融危機。這三次衰退發生時都被稱為「大蕭條以來最嚴重」的衰退，在當時確實是，但後來都被更嚴重的衰退超越。雖然這些刷新紀錄的衰退很醒目（一九四九年和一九五八年的衰退也是），但沒有一個比得上二〇二〇年的新經濟大蕭條。當前的就業流失數量已超越過去四次衰退的總和。

還有一個比總就業流失更令人不安的現實，即新失業者的所得分配。二〇二〇年的失業者只有不到一〇％屬於所得級距的頂層二〇％，約五五％的總就業流失屬於所得級距的底層四〇％，而且約三五％的總就業流失集中在所得級距底層的二〇％。

藍領工作是實質經濟的骨幹，這些勞工是我們上餐廳吃飯、旅館住宿、乾洗衣服、銀行交易和無數我們日常生活所需仰賴的人。中小企業貢獻四五％的ＧＤＰ，並提供近五〇％的總就業。裁撤這些工作後，美國經濟遭受的傷害可能需要十年才能修補。

另一個令人不安的趨勢是勞動參與率大幅下滑。這牽涉比失業率還多的技術性，但就美國經濟的長期成長潛力來說，影響可能更重大。

失業率是每個月公布的數據，不管是瘟疫前接近歷史低點的三．四％，或二〇二〇年五月和六月宣布的一九四〇年代末以來最高的失業水準，這個比率是以一個狹窄的定義方式計算的。它的分母是總勞動力，分子是勞動力中沒有工作且正在找工作的人數。以失業的求職者除以總勞動力（包括求職者）得到的失業率數字，受到金融媒體的高度關注。

但如果你是沒有工作、而且未積極尋找工作的人呢？政府不把你計算在內，你不是失業人口（即使你沒有工作），因為你沒有在積極找工作。基於同樣的原因，你也沒有被計算在勞動力裡，就好像你根本不存在一樣。

不過，你確實存在，而且沒有工作。沒有工作且被認為沒有在找工作的人，被計算在一個稱作勞動參與率（LFPR）的不同統計類別裡。勞動參與率計算的方法比失業率簡單，每個有能力工作的人（不管你是否在找工作）都屬於分母，每個有工作的人則計入分子。基本上它是以有工作的人數，除以每個有工作或沒有工作的成年人人數，不管你是否有意願或動機工作都一樣。

勞動參與率在一九七〇年代為六〇%，到一九九〇年代末提高到超過六七%，這反映了勞動力中的女性增加和嬰兒潮世代的勞動參與率升高。永遠會有一些人不從事傳統的工作，而且他們有各式各樣的好理由。這些沒有工作者可能是學生、持家者、提早退休者、養病者，或收取現金酬勞且不必申報所得的零工者。勞動參與率超過六七%在已開發經濟體被認為很高，而且代表經濟強勁。那是二〇〇〇年柯林頓榮景期結束的時候。

此後勞動參與率穩定下滑，主要原因是二〇〇一年的衰退和二〇〇八年的全球金融危機。此外，人口組成因素也造成一些影響，較老的嬰兒潮世代開始退休，健康狀況變差（原因是肥胖、糖尿病、藥物濫用等）和入獄率升高，把更多勞工推向邊緣。二〇一五年，勞動參與率已跌到約六二．四%；接下來五年，勞動參與率徘徊於六二．四%到六三．五%之間，且有小幅上揚的趨勢。

二〇二〇年的新經濟大蕭條幾乎在一夕間把勞動參與率打至二〇二〇年九月三十日的六一．四%，大約與一九七〇年的水準相當。那就像美國被一台時光機器傳送回五十年前。半世紀以來女性、少數族群和弱勢者的進步轉眼間化為烏有。

情況還會更加惡化。計算失業率和勞動參與率的美國勞工統計局承認，突然像潮水般湧入的失業救濟申請和用來統計失業率的家庭調查、各州遲來的報告和分類問題，讓它應接不暇。勞工統計局曾警告分析師，等該局消化完積壓的案件後，可能出現大幅度的數據修正。這些修正將意味失業率升高和勞動參與率下降，兩者都是未來美國經濟成長的利空。

有一個簡單的方法可用來思考總生產。只要看工作的總人數，並計算平均的勞工生產力，就這麼簡單。有多少人在工作，還有他們生產力有多高，你只需要知道這些。

在成熟的經濟體裡，生產力的變動不會很大，但還是會變動。近來的生產力呈現略微下降的趨勢，但經濟學家並不完全清楚原因。它可能與人口老化有關，或者與我們使用科技在浪費時間而非做工作有關。生產力是經濟成長在瘟疫之前十年停滯不前的原因之一。

從二〇〇〇年以來成長的主要推力一直是勞動力的大小，這正是勞動參與率計算的東西。一旦你退出勞動力（不管原因為何），你的生產力就降至零，因為你不在工作。勞動參與率從二〇〇七到二〇一〇年急劇降低時，正值全球金融危機和衰退導致生產減少；勞動參與率從二〇一〇到二〇一九年小幅回升，反映出穩定但並不亮麗的經濟成長。

現在勞動參與率已大幅降低，但報告的數據並未反映全部的事實。勞動參與率可能進一步降低到六一%或更低，部分原因是一些目前失業的人將決定退休，或因為無法找到工作而乾脆退出勞動力。

這些失業將不是暫時性的，不像一般失業可能僅持續一段短暫的時間。這些失業將因為失去技術、社會關係和推薦人而變成永久性的。這是大災難，它意味即使企業重新開張、一些人回到工作崗位，其他人將永遠不會回到勞動力的行列中。即使是生產力小幅回升，但生產將永遠減少。現在的勞動參與率就像一次懸崖跳水，經濟已經在水中，生產將持續被水淹沒，且可能長達數十年。

大多數美國人對經濟的狀況有感覺，他們聽說失業率和初次申領失業救濟人數驚人地劇增，他們知道封鎖讓全國各地的企業關門，政府要求他們留在家中、儘可能少出門，並在出門時戴口罩。雖然他們知道這些，但內心並沒有完全釋然。這一切發生得如此意外，以致於美國人對經濟的關閉還處於震驚中，他們沒有時間了解它或考慮其影響。特別是，沒有人知道接下來會發生什麼事，經濟會很快重新開放嗎？生活到二〇二一年年底會恢復正常嗎？或者封鎖將持續不斷，至少在某些地方？重要的是，第二波新冠疫情會在什麼時候再度席捲美國和全世界？第二波會不會比我們不久前經歷過的第一波高峰還致命？

一九一八年西班牙大流感的確發生了第二波。致命的第一波傳染在一九一八年三月到六月來襲，傳遍全世界並殺死數百萬人。但比起一九一八年十月的第二波，它稱得上相當溫和。第二波的致命性導致美國的主要城市，如費城街上的死屍堆積如柴堆，因為政府運作崩潰而無法迅速處理屍體。城市裡的棺木和停屍空間耗盡，不得不集體埋葬，屍體只能包裹在床單中並撒上消毒粉。

至於第二波新冠肺炎疫情，幾乎沒有官員想公開談論它，甚至很少人了解那代表什麼。第二波疫情不是完全相同的病毒重返造成的，而是突變或基因重組所致，創造出可能比原本病毒更致命的新變種。歷史和科學顯示我們可以預期那會發生，但幾乎沒有人有所準備。大多數人假設美國會在二〇二〇年年底開始遠離瘟疫，但這項預測並沒有確實的根據。二〇二一年很可能出現更致命的第二波。

即使真正的第二波疫情尚未發生，許多城市在解除封鎖後很快又再度實施封鎖。西班牙在二〇二〇年七月十七日重新實施封鎖，與它解除初次的緊急狀態相隔只有四週。巴塞隆納的一位酒吧業主說：「如果政府再實施一次封鎖並強迫我們關門，我會把窗簾放下來，但那可能就像放下斷頭台上的斬刀，因為我們將活不下去。」[8]

至少經濟會不會迅速回升，由經濟顧問庫德洛（Larry Kudlow）領導的白宮啦啦隊在二〇二〇年說，一切很快就會好轉。他們談到「被壓抑的需求」將強力彈升，幾個月內就能恢復就業和企業利潤。他們談到二〇二一年的經濟將一片大好。別相信它。

首先，許多因為封鎖而歇業的企業將永遠不會重新開張。那不只是因為封鎖令，而是它們已經破產也沒有生意。《華盛頓郵報》二〇二〇年七月二十三日報導：「在最強健的企業重新開張之際，永久關門的企業正急遽增加，關門的企業很可能一去不復返。」[9]這些業主可能在將來某個時候、某個地點創立一家新事業，但舊事業已經無力回天。許多資產以跳樓價拍賣中，員工永遠無法回到舊工作，租約已經中止、店面已經空出。這是美國許多地方的真實情況。

《紐約時報》描述瘟疫對紐約市經濟的衝擊有如一場「心臟病發作」，[10]代表近三百名執行長的非營利組織紐約市夥伴組織報導：「重新啟動和修復經濟將比關閉它更加困難得多。經紀人引以為傲的黃金地點——它的文化、社會和娛樂資產——直到明年至少還會有一部分是關閉的。紐約市商業區附近的二十三萬家小企業，可能有三分之一再也無法重新開張。」[11]

這些趨勢正分秒發生在我們周遭。描述自己正「花更少錢」的人數在短短幾個月內，已從三二%激增到五一%；說自己正「花更多錢」的人數則從三三%掉到二一%。「花更少錢」和「花更多錢」的差距已擴大到三〇個百分點，這是二〇〇八年危機以來最大的差距。[12]

這種儲蓄更多錢和較少花錢的趨勢始於瘟疫發生前的二〇一九年，那就好像美國人已預見將有災難發生。也許真的有人預見，也許那是對美國經濟在瘟疫前已顯得疲弱不振的反射動作。這表示在瘟疫發生後，此一差距應該會更加拉大：儲蓄將大幅增加，而支出將急遽萎縮。

對擔心就業和其所擁有投資組合的個別市民來說，那是個聰明的策略。不過，這個策略對經濟復甦來說是災難，至少就短期而言。高儲蓄率破壞了大多數媒體預言家和政府官員的預測，使經濟無法迅速且大幅地回升。成長將會出現，但它將很遲緩。對受影響的個人、企業家和求職者，復甦將很漫長、困難和辛苦。二〇二〇年和二〇二一年的大學畢業生將遭到不成比例的打擊，因為僱主連重新僱用舊員工都已力不從心，新手級的工作勢必大量消失。

預後

新蕭條將有多深已經很清楚，大多數觀察家不清楚的是復甦的性質和時間。答案是高失業率將持續多年，美國一直到二〇二三年都將無法恢復二〇一九年的生產水準；未來的成長將更疲弱，比二〇〇九至二〇一九年的復甦後的成長還不如。這可能不是世界末日，但它將比大多數悲觀的預測還糟得多。支持這種展望的證據已明顯可見。

只要有大約六年級的數學程度就可以開始做這個分析。假設二〇一九年的經濟生產為一〇〇（實際數字為二十二兆美元，「一〇〇」代表這個數字的一〇〇%，用以方便地衡量增加和減少）。再假設二〇二〇年第二季和第三季生產減少二〇%（許多估計認為減幅更大，二〇%是保守的估計），而第一季和第四季的生產持平，那麼六個月減少二〇%等於全年減少一〇%，從一〇〇減少一〇%等於九〇（或減少二·二兆美元的生產）。

從一九四八年以後，美國GDP的年實質成長從未超過一〇%，實質成長從未超過五%。第二次世界大戰結束後成長最高的年份為一九五〇年的八·七%、一九五一年的八%，和一九八四年的七·二%。把二〇二一年的實質成長年率假設為六%似乎太樂觀和不切實際，但如果能達成這個比率將符合V型復甦的定義。

如果我們的基準是九〇（相較於二〇一九年的一〇〇），並且在二〇二一年增加六%的生產，將使總生產達到九五·四。如果我們從九五·四的新基準進入二〇二二年，並增加四%的生產（九五·四乘以一·〇四），到二〇二二年年底總生產將達到九九·二。

問題來了，以一〇〇作為二〇一九年的基準，並假設二〇二一年創造六%的實質成長，和二〇二二年四%的實質成長（這是一九八四年以來未曾見過的年成長率），美國經濟仍未回到二〇一九年的生產水準。九九·二小於一〇〇是鐵的事實。我們需要連續兩年達到四十多年來最高的年實質成長率，才能回到接近二〇一九年的生產水準。較切合實際的年實質成長率將是低於四%，而那將使美國經濟直到二〇二三年後，才能回到二〇一九年的生產水準。

加州大學洛杉磯分校安德森管理學院的一項研究同意上述的估計。這項二〇二〇年六月二十四日發表的研究估計，美國二〇二一年的實質GDP成長將達到五·三%，二〇二二年將達到四·九%，[13]還不足以回到二〇一九年的生產水準。安德森管理學院說：「我們估計本季的實質GDP年率將萎縮四二%，然後……直到二〇二三年年初才可望恢復二〇一九年高峰的生產水準。」這是經濟蕭條的真實情況。它不是GDP持續減少，經濟蕭條是初始的崩潰大到即使是連續幾年的高成長也無法把經濟拉出泥淖。

分析師以字母代表圖形上的成長曲線形狀，用來議論復甦的強度。V型復甦是生產經歷陡峭的下降後，在相當短的時間恢復到開始的水準；U形復甦是經歷陡峭的下降後並未立即恢復成長，然後再出現強力的上升；L形復甦先是陡峭下降，繼之以不確定期間的低成長。最後W形復甦是陡峭下降，並且迅速回升，然後第二度下降，最後再復甦回到剛開始的生產和成長水準。

一九八二年的衰退後，一九八三至一九八六年的復甦是典型的V形。一九八二年的衰退很嚴重，但一九八三至一九八六年的成長極其強勁，使經濟收復了失去的生產，回到衰退前的趨勢線。

W形復甦較罕見，但美國在一九八〇至一九八三年的情況稱得上是W形復甦。一九七九年的實質成長為三·二%，一九八〇年則出現溫和的衰退，然後一九八一年是強勁的復甦，一九八二年再度衰退，最後是一九八三年的再次強勁復甦。這個下、上、下、上的模式形成了W形。

U形復甦可以恰當地描述一九四四至一九四八年從戰時經濟轉向平民經濟的情況。在戰爭時期最高峰的一九四四年經濟成長率達八%，然後從一九四五到一九四七年美國進入一段長達三年的實質GDP下跌期，因為戰爭產業縮減和回國的老兵湧入勞動市場。這個衰退階段過後緊接著是一九四八年的強勁復甦，成長率為四．一％。一九四五年、一九四六年和一九四七年是一段拉長的U形底部。

最後，漫長的二〇〇九至二〇一九年擴張期是L形復甦的例子。二〇〇七至二〇〇九年的衰退很陡峭，但二〇〇九至二〇一九年的復甦很疲弱。一九八〇年以後的各次復甦平均成長率為三．二％，而後二〇〇九年的復甦只有二．二％的成長率。它確實是一段經濟復甦，但舊成長趨勢與新成長趨勢的生產差距一直未拉近。強勁的舊趨勢與疲弱的新趨勢，意味美國經濟損失了四兆美元的財富，從所得不平等和國家債務佔GDP比率的角度來看，這些財富損失即使是在新經濟大蕭條之前對美國仍是個嚴重的問題。今日的經濟成長展望甚至比疲弱的後二〇〇九年復甦還糟，新復甦非但不會有前面舉例討論的六％成長率，而且可能因為過高的政府債務和預防性的高個人儲蓄而只有一．八％。換句話說，它甚至低於瘟疫之前十年擴張期的平均年成長率。這是又一次L形復甦，一連兩次。現在L形底部將更接近平直線，而且與上一波長期趨勢的生產差距還將更大。

成長如此疲弱的一些原因前面已經討論過，包括第二波的裁員、政府的救濟措施延緩員工返回工作、破產、世界貿易崩潰、在家工作的企業模式擴大、勞動參與率降低，以及供應鏈上游弱者恆弱的遞迴函式等。不過，還有一個因素可能支配這些趨勢並強化低成長——高儲蓄率。

高儲蓄率聽起來像是個不錯的結果，長期來看，它確實是好事。儲蓄可以轉化成投資，是可以促進經濟成長的就業和高生產力的來源。它的假設是投資不浪費在大而無當的鬼城和其他不具生產力的基礎建設，例如中國的情況。美國在基礎設施、教育和研究上有豐富的高生產力投資機會，因此美國的投資很有希望成為成長的關鍵。

問題是，雖然投資可以換來長期的報酬，卻必須犧牲短期的消費。美國經濟的驅動力有七〇％仰賴消費，因此無法增加投資（為了長期）而不減損消費（為了短期），除非美國再提高赤字預算並向海外借更多錢。但美國的赤字已經達到歷來最高水準，且外國也面臨自己的經濟崩潰和必須提高赤字的狀況。

市場研究公司Hedgeye分析師岱爾（Darius Dale）指出，許多從二〇二〇年三月以來支撐經濟的計畫已經到期，或很快將到期。聯邦的所得稅支付（從二〇二〇年四月延長）已在二〇二〇年七月十五日到期。學生貸款寬限計畫到二〇二〇年九月三十日結束，抵押貸款寬限計畫則於十月三十一日停止，薪資保護計畫的貸款寬限期也在十二月三十一日告終。這些計畫和其他計畫因為資金匱乏而未再延期或擴大，因此將使原已疲弱的瘟疫後復甦頓失支撐。這意味著，二〇二一年的經濟將很快重拾二〇二〇年三月至六月被政府干預阻斷的向下螺旋。

根據可得的最嚴謹研究，我們對未來幾年的成長減緩預測仍太過樂觀，許多明確的證據指向未來三十年的成長將很緩慢。一位聯準會經濟學家和兩位加州大學的學者，二〇二〇年三月發表一項標題為「瘟疫的長期經濟後果」的研究，檢視從一三四七年黑死病以來至少有十萬人死亡的瘟疫對經濟的影響。[14]該研究的撰稿人在結論中說：「瘟疫的重大總體經濟效應持續約四十年，實質報酬率受到嚴重壓抑。」他們也說：「瘟疫會帶來持續數十年的效應……這些結果令人驚心。」為了有更清楚的概念，在這項研究檢視的十五次瘟疫中，新冠肺炎死亡的人數只少於其中的四次。

儲蓄和消費的權衡取捨截至目前是學術上的討論，因為美國人已經用他們的錢包投票。在二〇二〇年五月，美國的儲蓄佔可支配所得比率從七．五％激增到三三％。美國人正在儲蓄而不是花錢。如果你失業並擔心繳不出下一期的貸款或房租，這可能是明智之舉；如果你沒有失業但擔心下一個被裁員的人可能是你，這也是聰明的作法。即使你的工作和所得都很安全，你可能顧慮未來會通貨緊縮而存更多錢。在通貨緊縮時，現金將會是你表現最好的資產，因為現金的實質價值會隨著生活成本降低而增加。

所有這些因素——更多人被裁員、更多破產、反饋迴圈，以及更高的儲蓄率導致支出減少——都表示復甦會很緩慢，而失業率會居高不下。未來不會出現V形復甦。不管你聽到媒體怎麼說，現在都還未出現復甦跡象。我們正身處一場新經濟大蕭條中，而且它將持續許多年。

| 第四章 |

債務和通貨緊縮導致復甦出軌

今日的美國和其他先進國家正經歷一場特別猛烈的第二波雙重震撼。個別來看，二〇〇八年的全球金融危機和二〇二〇年的全球瘟疫都嚴重到足以改變公共財政，迫使政府更毫不節制地印製鈔票和舉債。合起來看，這兩場危機將改變國家的支出力……我們可以稱它是魔術錢的時代。[1]

——馬拉比（Sebastian Mallaby），《外交》雜誌，

2020年7月／8月

我們將何去何從？新型冠狀病毒造成的創傷和蕭條的破壞遍及每個家庭，但重點是接下來會如何。個人、企業和社區都在瘟疫、封鎖、蕭條和美國主要城市發生動亂的衝擊下而惶惶不安。韌性是美國的特性，內戰和大蕭條之後的經濟復建足以為證。復建需要希望、領導，和一套專為去除破壞、指引方向，以及提供個人與商務如何恢復承擔風險、重新僱用和賣力工作而設計的公共政策。美國從內戰後展開重建、修築鐵路和從一八七〇年開始的一段長時期的科技創新；大蕭條先是藉修建大古力水壩（Grand Coulee Dam；一九三三至一九四二年）等基礎設施的支出計畫而減輕，最後則藉美國介入全球衝突而大舉發展戰爭工業。第二次世界大戰後復員期間的衰退和低成長，則藉由一九五〇年代擴大國防支出、修建艾森豪州際公路系統等大型基礎建設計畫，以及嬰兒潮世代人口大增而得以彌補。這些因應方法都不是單一的萬用解決方案，它們都與其他政策和更大的趨勢交互影響，而且都需要時間。儘管如此，宣布和執行重大公共政策對就業、支出和更重要的心理層面，都能發揮實質的影響，使信心得以恢復，進而促進能放大公共政策的私人部門投資和創業精神。這種「公私合夥」（public-private partnership）並非今日這個詞的意義，而是一種有機的遞迴性機制，政府的計畫促進私人部門的努力，私人部門反過來提供成長和稅收來支持政府。

政府對新經濟大蕭條和造成它的瘟疫有什麼因應政策？從廣泛層面看，有規模龐大的貨幣因應政策，採取的形式是擔保、印鈔票，和在需要的地方提供大量流動性。還有一套史無前例的財政政策因應，牽涉增加失業救濟、用以支援薪資的軟貨幣貸款，和對受影響的航空公司、旅館、度假中心和在蕭條等遭重創產業的紓困。在這些數兆美元赤字和債務貨幣化的努力中，有一套混雜多種理論的假經濟學說被提出稱為現代金融理論（MMT），其目的是減輕對債務可持續性的憂慮。直到最近現代金融理論是一套獲得極端左派人士支持的邊緣觀點，但今日它是不容挑戰的經濟法則，雖然大多數支持現代金融理論的國會議員從未聽過它。

我們將在本章各節檢視被用來因應危機的現代金融理論、貨幣政策和財政政策，這些政策都未達成結束蕭條、恢復喪失的工作，和重獲實質成長的目標，它的失敗可以找到許多實證和行為上的明確原因。最後，我們將檢視最危險的東西——通貨緊縮——以及為什麼看起來不受限制的印鈔票和支出都無法終結它。通貨緊縮有一帖解藥（我們將在結論中討論），但這帖解藥不在今日央行官員和國會議員的思想工具箱中。這種思想的空洞造成了多年來的低成長，這是我們面臨蕭條而非只是衰退的另一原因，也是投資人必須嚴肅地具備前瞻性以避免財富及機會損失的另一理由。

現代金融理論權充救援隊

因應新冠肺炎瘟疫帶來的經濟動盪需要花費鉅額的錢，這使得現代金融理論從經濟政策的邊緣位置轉移到中心。現代金融理論家如巴德學院（Bard College）教授雷伊（L. Randall Wray）和投資人莫斯勒（Warren Mosler），提出一套混合了進步主義和前凱因斯學說的奇怪概念，稱作貨幣國定論（chartalism）。現代金融理論擁護者是一群人數不多但逐漸得勢的派系，他們提供給世界的是世界最需要的東西——免費的錢。

從現代金融理論的觀點來看，兩個最重要的機構是聯邦準備理事會和美國財政部。聯準會和財政部是分別設置且有不同管理方式的機構，但它們以無數種方式共同運作。財政部在聯準會有一個帳戶，而聯準會以印出來的鈔票購買財政部發行的公債，並把獲得的利潤匯給財政部。但兩個機構之間有被經濟學家和政策制定者遵守的界限，財政部不創造貨幣，如果國會不授權財政部，或者如果聯準會不採取低利率和收購資產的寬鬆政策，財政部的支出就受到節制。

現代金融理論反對這些節制。事實上，現代金融理論學者把財政部和聯準會視為單一實體。在現代金融理論的模型中，財政部藉由支出創造貨幣。當財政部花錢時，它減去它在聯準會帳戶裡的錢，並增加作為財政部支出接受者的市民或公司在私人部門銀行帳戶裡的錢。根據這個觀點，私人部門的財富會因為財政部的支出而增加，財政部花愈多錢，私人部門就變得愈富有。現代金融理論支持者振振有詞地問：「如果財政部不花錢，錢要從哪裡來？」

現代金融理論支持者把貨幣視為會計上的運作，由財政部的支出開始，並以國家的權力為後盾，國家可以支出的貨幣數量沒有限制。如果此論點屬實，那就不會有社會問題，從貧窮、基礎建設和教育的所有問題都可以藉由更多支出來解決。當財政部借錢和支出時，國家不會變窮；它會變富，因為財政部的支出變成接受者的財富。

國會議員為了要在一年內增加比歷來總統——從華盛頓到柯林頓——累積的國家債務還多的赤字支出，已把現代金融理論視為上天賜與的禮物。國會不在乎花錢，但它在提出一年赤字超過GDP二〇％的法案時，需要某種思想的掩護。現代金融理論雖然只是一套學術謊言，但它符合法案的需求。不過等到它在真實世界的缺點揭露時，那些錢早已不知去向，而美國人民將必須收拾留下來的爛攤子。

現代金融理論是舊酒裝新瓶。舊酒裡的概念是，貨幣的價值是政府規定的，而且貨幣的數量不受限制，因為政府要求市民只能以它的貨幣來納稅。由於政府的貨幣是納稅的唯一媒介，市民必須取得經核准的貨幣形式以避免因逃稅而遭監禁，這是一個無法逃脫的封閉系統。新瓶的概念是，為現代金融理論貼上一張進步主義計畫的許願清單，例如全民健保、免學費、免費兒童照顧，和保證基本收入。在過去數年，這類政策提案會被主張「我們負擔不起」的專家阻擋；但今日的現代金融理論擁護者會以一套義正詞嚴的說法回答：「是的，我們負擔得起。」介於兩種思維中間的是一些過去還直覺地認為赤字支出有其限制的國會議員（雖然自由派和保守派對限制的方式抱持不同的觀點），但現在他們也無視於任何限制，只要支出能解決瘟疫和經濟蕭條造成的短期問題。在二〇二〇年三月到七月投票支持三兆美元新赤字支出的國會議員，可能從未聽過現代金融理論，但那正是他們投下神聖的一票所支持的東西。

現代金融理論支持者中最聰明的莫過於石溪大學（Stony Brook University）教授克爾頓（Stephanie Kelton），她的新書《赤字迷思：現代貨幣理論和為人民而生的經濟》（*The Deficit Myth: Modern Monetary Theory and the Birth of the People's Economy*）呈現了她的觀點。[2] 在克爾頓版的現代金融理論中，老舊的基礎設施可以藉由花錢修繕而立即改善。一兆六千億美元的龐大學生貸款債務阻礙了家庭形成，並使千禧世代變成債務奴隸，這個問題可以藉由豁免債務解決。失業和就業不足可以靠保證基本收入矯治，其方法是每個月寄給每個美國人一張支票，且不要求他們做任何事或附帶其他條件。這些政府計畫都可以用財政部的支出和聯準會的債務貨幣化來支應。

克爾頓也是現代金融理論黑暗面的一個入口，這個黑暗面指的是政府獨佔暴力和願意以它來對付反對使用國家貨幣的人民。現代金融理論宣稱是一種二十一世紀用來解決政府財政和經濟成長問題的方法，但實際上，現代金融理論支持者擁抱的是近一世紀前由納普（Georg Friedrich Knapp）提出的貨幣國定論教義。納普被稱為貨幣國定論之父，他在一九二四年出版的著作《貨幣國定論》（*The State Theory of Money*）中提出理論。[3]

根據克爾頓和納普，你的錢有價值是因為國家這麼說。克爾頓和他的門徒把這個概念擴大到各個方向，如果貨幣是由國家來決定，那麼任何東西都可以是貨幣，包括黃金。在二十世紀後期之前，大多數國家的貨幣是黃金。克爾頓宣稱黃金是貨幣不是因為其稀有性或實用性，而是因為國家基於習俗而非出於必要而做了如此的宣告。一旦紙幣變成政府宣告的對象，紙幣就變成貨幣，而黃金被丟到一旁。

克爾頓宣稱債務和信用從不同的觀點來看也是相同的東西。如果國家把美元轉移給人民，國家就是債務人，因為美元是央行的負債，而人民是債權人，因為他們接受並持有債務。這個貨幣等於債務的概念，讓克爾頓得以創造她所稱的「貨幣的階層」（hierarchy of money）。換句話說，任何人可以藉由簽發借據來創造某種形式的貨幣。那就像是聯準會擴大貨幣供給的定義，從M0、M1和M2，到M4、M5、M6等。它同時涵蓋所有錢、所有信用，和所有債務。

克爾頓很誠實地說需要國家權力來讓這套體系運作。她寫道：「只有國家透過其權力來創制和執行稅法，才能強制國民接受，否則將受到懲罰。」[4]她沒有清楚表達懲罰包括沒收未繳稅者的財產和監禁他們，但這是無可避免的言外之意。國家權力是國家貨幣的根源。

國家權力的確可以宣告哪一種貨幣可被接受用來納稅；市民的確可能把被宣告的貨幣視為貨幣以用來納稅和避免牢獄之災；央行和財政部的確可以在一種稱為「財政支配」的情況下，共同把無限的政府債務貨幣化和支持無限的政府支出；最後，政府支出的確會流入某些人的口袋，使個人或公司獲得該支出金額的利益，至少暫時如此。

現代金融理論的錯誤不在它說出口的東西，而是它沒有說的東西。問題不是貨幣創造有沒有法律的限制，而是有沒有心理的限制。

貨幣地位的真正來源不是國家權力，而是信心。如果交易的兩方對以貨幣作為他們交易的媒介有信心，而且其他人也這麼認為，那麼這個媒介在廣大的社會中就是貨幣。在過去，貨幣包括黃金、白銀、珠玉、羽毛、紙幣和各式各樣的信心標記物。

信心的困難之處是它很脆弱、容易流失，而且不可能恢復。現代金融理論最大的錯誤是把信心視為理所當然，忽視信心的原因包括從過度依賴量化模型到過度依賴國家權力等。就前者而言，忽視心理學的層面是因為它難以納入量化均衡模型，還有就是一廂情願的無知；至於後者，我們只要看看歷來一長串的失敗國家就知道後果，像是今日的委內瑞拉、索馬利亞、敘利亞、葉門、黎巴嫩和北韓。國家權力不是絕對的，也無法永久維持。

現代金融理論的其他盲點是貨幣的流通速度。流通速度很少在現代金融理論的文獻中討論，只有藉著忽視流通速度才能讓克爾頓和雷伊等現代金融理論倡議者，無視於國家貨幣的信心流失時造成的惡性通膨。喪失對一種貨幣形式的信心引發的反應是儘快花掉它，或換取另一種形式的貨幣。這種行為適應是通貨膨脹的真正原因，而不是印鈔票。信心和流通速度呈反向相關性，它們組合起來便是現代金融理論的致命弱點。

克爾頓對這個隱憂絲毫不以為意。二〇二〇年六月九日，她在《紐約時報》的評論專欄發表對與瘟疫有關的財政紓困說：「立法者只需要投票通過支出法案，下令從政府的銀行聯準會提領數兆美元。」[5] 這種簡化在政治上很有吸引力，但忽略了伴隨著過度擴張債務而來的行為適應。這種適應如提高儲蓄率和減少消費，將使凶險的流動性陷阱更加惡化，而非好轉。

現代金融理論的思想錯誤將在未來幾年變得更加明顯，它的結果可能是持久的通貨緊縮

（因為現代金融理論政策無法創造成長）或通貨膨脹（因為現代金融理論政策摧毀對國家貨幣的信心）。很可能兩者都會發生：先是通貨緊縮，繼之以通貨膨脹。

就目前來說，現代金融理論的重要性不是它有用（它不會有用），而是它提供國會通過無限制花費的支出法案和聯準會將這些支出貨幣化的掩護。面對新經濟大蕭條，美國的貨幣政策和財政政策都把「刺激」美國經濟的力度開到最大。但不管是印鈔票或財政支出都無法提供刺激，其原因將在後面各節中敘述。現代金融理論的學術妝點無法改變這個結果。

為什麼貨幣政策不是刺激？

從二〇〇七年以來，聯準會一次又一次地犯錯，只能靠每一次犯下比前次更大的錯來模糊其挫敗。我們已接近終局。要了解為什麼，我們必須看看自己是如何走到今日的境況。

聯準會對二〇〇八年全球金融危機的因應對策始於二〇〇七年八月，貝爾斯登公司的兩檔抵押貸款證券避險基金剛在七月底倒閉。有效聯邦資金利率（ＥＦＦＲ；聯準會訂為目標的政策利率）從二〇〇七年七月的五．二六％下跌到八月的五．〇二％。時任聯準會主席柏南克（Ben Bernanke）已用盡利率子彈，因此訴諸稱為「量化寬鬆」（ＱＥ）的印鈔手段，實施了三波稱為ＱＥ１、ＱＥ２和ＱＥ３的量化寬鬆措施。印鈔票的效應讓聯準會的資產負債表在危機開始的二〇〇七年八月從八千六百五十億美元，大幅增加到二〇一五年一月十二日從QE3「退場」時的四兆五千二百億美元，並逐步減少新鈔的印量。從這時候起，聯準會維持利率在零的水準，其資產負債表大約為四兆五千億美元，直到二〇一五年十二月十六日首度提高利率（所謂的「起飛」），聯邦資金目標利率逐步升高到二〇一八年十二月二十日的二．五％。聯準會在二〇一七年十一月也開始透過一套「量化緊縮」（QT）的計畫，逐步減少它的資產負債表，但量化緊縮的結果是摧毀基礎貨幣。聯準會的資產負債表到二〇一九年八月二十六日減少到三兆七千六百億美元，在不到兩年內減少了七千六百億美元。分析師估計，貨幣供給每減少五千億美元約等於提高利率一％的效應。真正提高利率加上等同提高利率的手段（透過量化緊縮），意味聯準會在二〇一五至二〇一八年經濟仍很疲弱時卻進行了一波極端形式的貨幣緊縮。當然，聯準會因為預測能力不足所以並不了解這一點。

二〇一五年開始提高利率，和二〇一七年開始縮減資產負債表，兩者都是聯準會將利率和貨幣供給正常化的努力。聯準會的目標是把利率升高到四％的水準，並把資產減少到約二兆五千億美元，以為下一次衰退做準備。如果聯準會達成正常化，它將有足夠的彈藥可以在對抗衰退時降低利率和增加貨幣供給。問題是聯準會是否能在衰退來臨前正常化，而且可以不因此反而造成它準備對抗的衰退。我的觀點一直是聯準會終將失敗，股市從二〇一八年十月一日到二〇一八年十二月二十四日重挫近二〇%（令人聞之色變的耶誕夜大屠殺），即反映出聯準會的過度緊縮。

聯準會主席鮑爾很快在二〇一八年十二月底改弦易轍。鮑爾先暗示他將不進一步升息（在公開聲明中使用「耐心」這個密語）；到二〇一九年三月，聯準會暗示將降息，並在二〇一九年七月三十一日執行，是該年三次降低利率的第一次。聯準會也宣布結束量化緊縮，亦即停止減少貨幣供給，並再度開始擴張其資產負債表。這種透過降息和重新印鈔票的雙重寬鬆對股市像是一劑大補丸。股市立即大幅飆漲，並在二〇二〇年二月創新高，就在因瘟疫崩盤前不久。

這段極端寬鬆（二〇〇七至二〇一四年）繼之以極端緊縮（二〇一五至二〇一八年）繼之以再度極端寬鬆（二〇一九至二〇二〇年）的記述，漏掉了二〇一九年九月發生的奇怪震撼。聯準會在二〇一九年十二月三十一日擴大其資產負債表到四兆二千億美元，高於二〇一九年九月十六日的三兆八千億美元，這次擴大發生在新型冠狀病毒的衝擊和經濟陷於蕭條之前。促成這次印鈔票的是一場九月底在美國公債市場發生的流動性危機，真正的原因從未公布過，但很可能牽涉一家或更多家避險基金和它們的放款銀行瀕臨倒閉。這場驚險逃過的危機是全球美元不足和貸款缺少優良擔保品（通常是美國公債）的結果，簡單地說，在瘟疫和新蕭條發生前五個月，世界已陷於美元流動性危機。瘟疫是原本就已發生的金融危機的加速器，雖然公債市場中的非專業人士並不了解這場危機。

前面的記述是一段整體貨幣政策長期失誤和特別是貨幣主義（後面將談到）的歷史。聯準會未能把經濟恢復到二〇〇九年以後的成長水準；聯準會在二〇一四到二〇二〇年未能讓利率和它的資產負債表正常化；聯準會在過去十三年未能維持它設定的二％通貨膨脹目標；聯準會在二〇一八年底突然改變政策方向前，幾乎引發經濟衰退和股市崩盤；聯準會在二〇一九年九月時未能預見一場美元流動性危機即將發生。現在聯準會已放棄矜持，在二〇二〇年三月一日到六月一日將其資產負債表從四兆二千億美元增加到七兆二千億美元，聯準會的資產負債表預料在二〇二一年還會再擴大數兆美元。聯準會只有能力做一件事──在必要時拉抬股市價格。股市投資人已注意到並據以做出反應。拉抬股價不是聯準會的雙重使命（穩定物價和就業最大化）之一，但聯準會卻是箇中好手。

二〇二〇年二月股市崩盤時，聯準會確實成功地挽救了股市。在危機時提供流動性是聯準會一九一三年創立之初的使命之一，其創立就是一九〇七年恐慌的政策反應。結合印鈔票、直接投資、直接放款、擔保，和資產負債表外的工具等方法，聯準會推出短期資產擔保證券融資計畫（TALF）、初級市場公司信用機制（PMCCF）、薪資保護貸款計畫

（ＰＰＰＬＦ）、市政流動性機制（ＭＬＦ）、中小企業貸款計劃（ＭＳＬＰ）、貨幣市場共同基金流動性機制（ＭＭＭＦＬＦ）和商業票據融資機制（ＣＰＦＦ）。無疑的聯準會會在必要時創造各種基金和機制來維持市場的流動性和讓銀行繼續營運，問題在於這些計畫都不提供刺激或創造工作，它們都無法讓經濟恢復成長趨勢（甚至回不到二〇〇九至二〇一九年疲弱的成長趨勢）。它們將避免避險基金和銀行倒閉，它們也可以在短期內避免交易市場凍結，但這些計畫都不是就業或成長的來源。

聯準會犯下世界史上僅見的反覆失誤的原因可以簡單地用「流通速度」來解釋。要了解為什麼，我們必須簡單介紹貨幣主義的理論。

貨幣主義是一套與一九七六年諾貝爾經濟學獎得主傅利曼（Milton Friedman）密切相關的理論，它的基本思想是貨幣供給的變動是ＧＤＰ改變的最重要原因。這些以美元計算的ＧＤＰ改變可以分成兩部分：一個是製造實際增加的實質部分，另一個是虛幻的通貨膨脹部分。實質加上通貨膨脹等於以總美元計算的名目增加。

傅利曼的貢獻是解釋增加貨幣供給以便增加生產只在一定限度內有用；超過這個限度的名目增加將是通貨膨脹性質的。在實務上，聯準會可以印鈔票來獲得名目成長，但可以達成多少實質成長將有一個限度。

嘗試微調貨幣政策的貨幣主義者說，如果實質成長的限度是四％，理想的政策就是貨幣供給增加四％，而流通速度是常數，物價水準也是常數，如此可以創造最大的實質成長和零通貨膨脹。這一切都很簡單，只要貨幣的流通速度是常數。

萬一流通速度不是常數呢？

事實上，與傅利曼的前提相反，流通速度不是常數。流通速度就像一副紙牌裡的鬼牌，它是聯準會無法控制的因素。流通速度是心理性質的：它取決於個人對經濟展望的感覺。流通速度無法由聯準會的印鈔機控制，那是貨幣主義作為政策工具的致命缺陷。流通速度是一種行為現象，而且力量很強大。

M2（廣義的貨幣供給）的流通速度在一九九七年達到二．二的高峰，這表示M2的每一美元支持二．二美元的名目GDP。此後流通速度大幅度下降，到全球金融危機之前的二〇〇六年降到二．〇，然後在危機達到谷底的二〇〇九年年中崩跌到一．七。流通速度的崩跌並未隨著市場回穩而停止，它持續滑落到二〇一七年年底的一．四三，儘管聯準會採用印鈔票和零利率政策（二〇〇八至二〇一五年）。二〇二〇年初，當瘟疫造成的崩盤發生之前，流通速度已跌至一．三七。隨著新經濟大蕭條來臨，可以預期流通速度還會繼續下跌。

當消費者償還債務並增加儲蓄而不支出時，流通速度就會下降，GDP也隨之減少，除非聯準會增加貨幣供給。在流通速度下降的情況下，聯準會印大量鈔票以維持名目GDP不減，而當前流通速度下降則是一九三〇年代以來前所未見的。當流通速度接近零時，經濟也接近零。這時候印鈔票也無濟於事：七兆美元乘以零等於零。如果貨幣擴張機制因為銀行不肯放款而失效，而且流通速度因為消費者恐懼而下降，那麼經濟就不可能成長，沒有流通速度就沒有經濟可言。

這帶我們來到難題所在，聯準會可以控制的因素——例如基礎貨幣——成長的速度不足以提振經濟和減少失業。聯準會需要加快的因素是銀行放款和以支出形式的流通速度。支出是由放款者和消費者的心理所驅動，基本上是一種行為現象。聯準會已忘記（如果它曾經知道）改變通貨膨脹預期心理的藝術，而這才是改變消費者行為和驅動成長的關鍵。它幾乎與貨幣供給量無關，與貨幣主義者和奧地利學派經濟學家的祕方正好相反。

從二十世紀初以來，有兩位美國總統曾成功地快速改變消費者對通貨膨脹的預期心理，兩位都使用相同的技術，一位是經由計畫而為之，另一位則是意外為之；一位拯救了美國經濟，另一位則幾乎摧毀它。引發通貨膨脹就像讓精靈跑出瓶子，結果可能是好的或不好的。如果不升高由增加流通速度導致的通貨膨脹，就不可能避開通貨緊縮的深淵和惡化的蕭條。我將在結論中談到這兩位增加流通速度的總統，以及他們如何做到的故事。

為什麼財政政策不是刺激？

國會在二〇二〇年授權增加赤字支出的總額超過前八年的總和。國會將在二〇二〇至二〇二一年增加的國家債務，將超過從華盛頓到柯林頓的所有總統累積的債務。這場支出狂歡會包括二百六十億美元供病毒檢測；一千二百六十億美元供計畫的行政成本；二千一百七十億美元用於直接援助州級和地方政府；三千一百二十億美元給公共醫療；五千一百三十億美元供企業減稅；五千三百二十億美元用於紓困大公司；七千八百四十億美元用於援助個人，作為失業救濟、帶薪假和直接現金支付；還有八千一百億美元給救援小企業的薪資保護計畫。[6] 這些錢要加在一兆美元的基準預算赤字上，加上基準赤字後，授權的支出將使二〇二〇年的總赤字達到四兆三千億美元。增加的債務將使美國的債務佔GDP比率達到一三〇%，創下美國歷史上的最高紀錄，使美國進入像日本、希臘、義大利和黎巴嫩同等級的超級債務國。

赤字支出的金額和它對債務比率門檻的衝擊都是不容置疑的。很少人會去討論我們是否需要花這麼多錢以避免經濟惡化成比現在更深的蕭條，但花錢並不是「刺激」。國會想以花錢作為暫時的支撐，直到經濟成長得以恢復，但光靠這種支出無法創造成長。原因存在於凱因斯的古典經濟分析，以及近來由經濟學家萊因哈特（Carmen Reinhart）和羅格夫（Kenneth Rogoff）解釋凱因斯的方法受到何種限制的分析之上。

赤字支出可以刺激停滯的經濟這個概念，可以追溯到凱因斯和他的經典著作《就業、利息與貨幣的一般理論》（*The General Theory of Employment, Interest, and Money*）。[7] 凱因斯的學說很清晰明瞭，他把產出視為我們稱為總需求的函數，通常是由企業和消費者的需求所驅動。有時候這種需求會不足，因為不景氣或通貨緊縮迫使消費者陷入流動性陷阱。在這種情況下，消費者偏好儲蓄而不願意支出，其原因是物價正在下跌，同時現金的價值正在增加。在這些情況下延遲購買（因為價格會更便宜）和增加儲蓄（因為現金的實質價值正在上漲）是明智之舉。凱因斯對流動性陷阱的解決對策是讓政府介入，以政府支出來取代個人支出。以赤字來做這件事是完全合宜的事，目的是打破通貨緊縮，和重振凱因斯所稱的「動物本能」（animal spirits）。

凱因斯更進一步說，政府每支出一美元可以創造超過一美元的成長。當政府花錢（或贈送錢），接受者會把錢花在產品或服務上。這些產品和服務的提供者也將支付他們的批發商和供應商，如此將加快錢的流通速度。視個別的經濟情況而定，每一美元的赤字支出可能創造一．三美元的名目ＧＤＰ，這就是著名的凱因斯乘數。在某個範圍內，赤字在增加生產和增加稅收時可以支應自己的成本。

在實務上，凱因斯的理論不是一套普遍的理論，而是一個特別的理論。它只在少數情況下行得通。當經濟開始蕭條或在復甦的早期階段時它有用；它在政府債務的初始水準相對較低和可以持續時有用；在發生通貨緊縮和真正的流動性陷阱時也有用。凱因斯不是一個理論家，而是一個極度的務實主義者，他在一九三〇年代的處方是正確的。遺憾的是，他的思想在去世後被薩繆森（Paul Samuelson）和他在麻省理工學院及其他經濟思想中心的追隨者嚴重扭曲。凱因斯有限度的解決方法變成了全方位的處方，赤字變成可以在任何時候和任何地點（只要支出是用於學術菁英認可的社會目標之上）用來促進成長。現代金融理論就是麻省理工學院產物的歸謬法。國會現在正瘋狂地通過數兆美元號稱為「刺激」的赤字法案，背後的信念就是任何時候、任何數量的赤字支出，都可創造出比所花的錢更多的成長。這是一個假的信念。

事實上，美國和世界正逐漸逼近萊因哈特和羅格夫描述的一個不確定、但很真實的點，當不斷增加的債務達到這個點後，將觸發債權人的憎惡，迫使債務國採取撙節措施、直接違約，或者利率飆升。

債權人的憎惡點出現在更多的債務侵蝕了對債務國貨幣的信心而無法創造同等的成長之

際，這個過程如下：一個國家從一個可管理的債務佔ＧＤＰ比率開始，通常它的定義是不到六〇％。在追求經濟成長時，也許是為了擺脫經濟衰退或純粹為了收買選票，政策制定者逐漸走上增加舉債和赤字支出的道路。初期的效果可能不錯，一些凱因斯乘數可能實現，特別是當經濟有未充分利用的工業產能和勞動力時，且借來的錢被善加利用於可產生高報酬的地方。

長期下來，債務佔ＧＤＰ比率逐漸升高到七〇％到八〇％的範圍。政治選民是靠增加支出爭取來的，支出本身變得愈來愈缺乏生產力；愈來愈多錢以權益和救濟的形式用在消費、較無實益的公共設施、社區組織和公務員工會上。邊際報酬遞減的法則開始浮現，但公眾對赤字支出和公共財的胃口愈來愈大。債務佔ＧＤＰ比率終於超過九〇％。

萊因哈特和羅格夫的研究發現，債務佔ＧＤＰ比率升高到九〇％與之前的升高意義大不相同，那就像物理學家說達到一個發生相變的臨界值。它的第一個效應是凱因斯乘數跌到一以下，一美元的債務和支出製造出少於一美元的成長。增加債務無法創造出淨成長，同時債務的利息本身還會提高債務佔ＧＤＰ比率。今日與瘟疫有關的債務增加不是小幅度的增加，而是比過去的赤字高出一個量級。而且它發生在債務佔ＧＤＰ比率已經遠高於萊因哈特—羅格夫所說的九〇％紅線的階段。

債權人愈來愈焦慮，但仍繼續購買更多債券，一心寄望政策制定者將改弦易轍，或者經濟能出現成長使債務佔GDP比率得以下降。但事與願違。社會對債務的癮頭已深，而且癮頭耗盡了上癮者的精力。美國有全世界最好的信用市場，並以它印的貨幣舉債；光是憑恃這一點，它就能比其他國家維持一種無法持續的負債情況更久。但歷史顯示凡事都有其極限。

那些考慮終局假想情況的人，都同意美國的違約（不管是未能履行支付或通貨膨脹）不會很快發生。這不表示一切都很好。萊因哈特—羅格夫的研究重點不在違約即將發生，而是對經濟成長的結構性障礙。對美國特別重要的是，萊因哈特—羅格夫的論文「修正後的債務與成長」（二〇一〇年）。[8] 兩位作者的主要結論是，如果債務佔GDP比率超過九〇％，「中位數成長率將下跌一％，而平均成長率還將下跌更多」。重要的是，萊因哈特和羅格夫強調「這種債務—成長的非線性關聯很重要」。對低於九〇％的債務佔GDP比率來說，「債務與成長間沒有系統性的關係」。換句話說，在低比率的情況下，債務與成長的關係不強烈，包括稅、貨幣和貿易政策等因素都可以導向成長；一旦跨越九〇％的門檻，債務便成了影響的主因。在超過九〇％債務佔GDP比率時，經濟穿過鏡子進入一個邊際債務報酬率為負值的世界，成長將減速，最終因為無法償付債務、通貨膨脹或必須重新協商債務而違約。

這個違約的點必將到來，但在它之前將出現長時期的低成長、薪資停滯、所得不平等升高，以及社會失和——一個普遍不滿意、但沒有解決方法的階段。其他備受肯定的研究也得出相同的結論。萊因哈特和羅格夫可能領先這個領域，但他們絕非獨排眾議。已開發經濟體正處於險境的證據不斷累積，且可能已超過無法挽回的點，尤其對美國而言更是如此。

終點將是對美國的債務和美元的信心迅速崩潰，這意味升高利率以吸引投資人的資金來融資赤字。當然，升高利率意味更大的赤字，使債務情況更惡化。或者聯準會可以把債務貨幣化（正如現代金融理論追隨者的主張），但那將是另一條讓信心淪喪的道路。你無法靠借錢來度過債務陷阱，你也無法靠印鈔票來度過流動性陷阱。其結果是再二十年的低成長、財政節約、金融壓迫（利率被壓抑得比通貨膨脹低，以逐漸消滅債務的實質價值），和財富差距擴大。美國未來二十年的成長將類似過去三十年的日本。不是崩潰，只是一段漫長、遲緩的停滯——它的另一個名稱是蕭條。

通貨緊縮的死路

現代金融理論是一個知識界的恥辱，它讚揚國家的強制力量，輕視貨幣體系運作信心的重要性。貨幣政策會失敗是因為它忽視流通速度的行為根源，依賴貨幣創造而不了解為什麼即便大量提供貨幣人們也會拒絕花錢。財政政策失敗是因為債務已高到市民的行為已適應一個違約、通貨膨脹和高稅率是唯一出路的世界，這三條路有一個共通的因素——它們預示更多儲蓄和更少支出是為經濟終局的準備。在這三艘沉船上面飄著通貨緊縮的幽靈。

新經濟大蕭條將製造出強力和持久的通貨緊縮，是一個比起其他任何經濟影響，美國財政部和聯準會都更為畏懼的後果。通貨緊縮最可怕的是因為它讓債務負擔更惡化，然而它卻是自我實現的流動性陷阱最可能的後果。

通貨緊縮意味產品和服務的價格水準下跌。低物價即使在薪資為常數時也可帶來較高的生活水準，因為消費者產品的價格降低。由於科技進步和生產力提升會使若干產品的價格長期下跌，這似乎是個好結果。那麼，為什麼聯準會如此畏懼通貨緊縮，以致於訴諸不同尋常的政策措施想造成通貨膨脹？這個恐懼有三個原因。

第一是通貨緊縮衝擊政府債務。債務的實質價值可能因通貨膨脹或通貨緊縮而波動，但債務的名目價值是由合約訂定的。如果一個人借一百萬美元，不管一百萬美元的實質價值因通貨緊縮或通貨膨脹而增加或減少，他都必須償付一百萬美元加利息。美國債務已高到沒有可行的實質成長或稅的組合能用來償付債務的實質金額。如果聯準會可以製造通貨膨脹——開始時慢慢地製造以帶來貨幣幻覺，然後加快速度——債務將可受到控制，因為可以用價值較低的名目美元償付。在通貨緊縮中，情況剛好相反：債務的實質價值增加，讓償債變得困難。

通貨緊縮的第二個問題是它對債務佔ＧＤＰ比率的衝擊。這個比率是債務的名目金額除以ＧＤＰ名目金額，債務的名目金額會持續增加，因為持續的預算赤字需要新融資和相關的利息支付。在債務佔ＧＤＰ比率上，當債務分子擴大和ＧＤＰ分母萎縮（正如今日的情況），這項比率將升高。債務佔ＧＤＰ比率飆升的衝擊是信心喪失、利率升高、赤字因為利率升高而惡化，以及最後透過未履行支付或通貨膨脹而直接債務違約。

通貨緊縮的第三個問題是銀行體系的健康和系統性風險。通貨緊縮升高貨幣實質價值，並因此增加債權人對債務人要求償付金額的實質價值。這對債權人似乎比對債務人更有利，而且初期確實如此。但隨著通貨緊縮持續，債務的負擔變得太大，債務人因而違約。這讓放款銀行也蒙受損失。政府偏好通貨膨脹，因為它讓債務人得以繼續償債，進而支撐了銀行體系。

總而言之，聯準會偏好通貨膨脹，因為它可削減政府債務，降低債務佔ＧＤＰ比率和支撐銀行。通貨緊縮可能對消費者和受薪者有利，但它傷害財政部和銀行，而且它完全與聯準會的偏好相反。從聯準會的觀點來看，協助經濟和降低失業率是推升通貨膨脹的附帶產物。通貨緊縮的這些影響使得政府必須有通貨膨脹，而聯準會必須促成它。諷刺的是聯準會不知道該怎麼做。

新經濟大蕭條的特性將是嚴重的通貨緊縮，至少初期是如此。這種通貨緊縮將是儲蓄大幅增加、支出減少和貨幣流通速度下降的結果。低物價將招致更多儲蓄，而儲蓄將招致更低的物價，周而復始，形成典型的流動性陷阱和惡性通貨緊縮。失去工作的勞工、關門的企業，和其他擔心將是下個受害者的勞工和企業，將沒有心情借款或支出。通貨緊縮將是最終打敗寬鬆貨幣和鉅額赤字的巨石。在打敗通貨緊縮之前，聯準會和國會都無法達成它們的刺激目標，通貨緊縮是一個它們從一九三〇年代以來未曾見過的凶險敵人。

| 第五章 |

文明的虛有其表

陌生人跨上她旁邊的另一匹馬，傾身湊近她，並面無表情地看著她，是那種不自覺的惡意凝視，未透露出威脅，但可能在等候時機……陌生人和她併肩騎馬，放鬆地、輕快地，他的手鬆鬆地握著韁繩，挺直而優雅的身軀穿著拍打他瘦骨的暗色襤褸衣服；他蒼白的臉露出邪惡而出神的微笑，他沒有看她。噢，我曾見過這個傢伙，我認識這個人，只是一時想不起來。他不是陌生人。[1]

——波特（Katherine Anne Porter），《蒼白的馬，蒼白的騎士》（*Pale Horse, Pale Rider*），1939年

波特是二十世紀美國最傑出的作者之一，她的短篇故事和小說備受讚譽，但直到她一九六二年出版最有名的作品《愚人船》（*Ship of Fools*）前，一直未獲得財務上的成功。該小說敘述她在一九三一年從墨西哥維拉克魯斯（Veracruz）搭乘郵輪到德國的故事，後來被改寫成劇本，一九六五年製作成一部由費雯麗（Vivien Leigh）主演的電影。這部電影被提名八項奧斯卡金像獎，並贏得最佳藝術指導和最佳攝影兩項大獎。一九六六年波特在出版《波特短篇小說選》（*The Collected Stories of Katherine Anne Porter*）時獲頒普立茲獎和國家圖書獎。

在她仍然廣受好評的早期作品中，有一本一九三九年出版的書集《蒼白的馬，蒼白的騎士》，由三則短篇小說集結而成，其中包括一篇同名的小說。書名指的是〈啟示錄〉第六章第八節描述的末日四騎士：「我就觀看，見有一匹灰色馬；騎在馬上的，名字叫作死，陰府也隨著他；有權柄賜給他們，可以用刀劍、飢荒、瘟疫、野獸，殺害地上四分之一的人。」

波特本人曾面對瘟疫帶來的死亡，她是一九一八年西班牙流感疫情的倖存者，在感染該疾病時曾經歷幻覺和精神錯亂，差點因此而喪命。波特在醫院住了幾個月才康復，出院時十分虛弱且頭都禿了，原本的黑髮長出來成了白髮，且餘生都保持白髮。

小說《蒼白的馬，蒼白的騎士》是一對二十出頭男女的愛情故事，女的是報紙作者米蘭達（Miranda），男的是即將在第一次世界大戰到法國打仗的士兵亞當（Adam）。米蘭達感染了流感病毒，她經歷典型的症狀——咳嗽、發燒、呼吸困難——然後達到發高燒和精神錯亂的重症階段。她先是在自己的房間接受亞當的照護，然後由一名專業護理師譚納小姐接手，最後住進醫院。在米蘭達精神錯亂的狀態下，現實和夢的界線消失了。她出現天堂和地獄的幻覺，醫生是劊子手，而病人是被判死刑的犯人。波特寫道：

> 兩個活著的男人抬起斜靠著牆的床墊，輕輕攤開它並端正、溫柔地覆蓋在那個死去的男人之上……它曾經是一個令人陶醉和舒坦的景象，但現在已成為過去。[2] 他們留下一片升起的蒼茫白霧，飄浮在米蘭達眼前，這片霧裡隱藏了所有的恐怖和所有的厭倦，所有被凌虐而憤怒的生靈的悲痛的臉孔和扭曲的背脊與破碎的腳，他們惶惑的痛苦和疏離的心的所有形狀。白霧隨時可能消散並鬆開那群聚的人的痛苦，她舉起雙手說，還不要、還不要，但已經太遲。霧消散了，然後兩名穿著白衣的劊子手走向她。

兩個特點讓波特與她同世代經歷過西班牙流感的其他人不同，第一是她寫作的品質至今仍能讓我們感動，並以非科學研究的方式帶我們更貼近流感受害著的感受。第二是她幾乎是唯一寫有關流感小說的人。據估計至少有多達一億人死於西班牙流感，超過五億人受到感染，大約是一九一八年世界人口的三分之一。相對於大多數瘟疫對很年幼或很年老的人較致命，那場流感對二十幾和三十幾歲的人特別致命。死於西班牙流感的人多過死於第一次世界大戰的人。西班牙流感被列為史上第二致命的瘟疫，僅次於十四世紀的黑死病。

有人可能以為一場這麼大規模的自然災害——幾乎人人感染了疾病或認識感染者，甚至認識死者——會出現在大量的文學、藝術，或經歷疾病本身或對社會衝擊的記述中，但事實上並非如此。像海明威（Ernest Hemingway）、費茲傑羅（Scott Fitzgerald）、福克納（William Faulkner）和帕索斯（John Dos Passos）等偉大的作家，在一九一八年正值年輕到中年時期，但他們的作品從未提到那場流感（雖然費茲傑羅曾輕微染病，而海明威的女友曾是流感受害者的護理師）。勞倫斯（D. H. Lawrence）的《查泰萊夫人的情人》（*Lady Chatterley's Lover*）和艾略特（T. S. Eliot）的詩作隱約提到，但沒有具體的描述。波特以精彩的筆觸清楚描述了那場流感，但她幾乎是唯一的作家。[3]

藝術家和作家幾近沉默的態度指出一個廣泛的現象：一般倖存者也很少談論西班牙流感。人們記得死去的親朋好友，並保留各自對擁擠的病房、死屍堆積如山和萬人塚的印象——但他們很少談論自己的經驗。大流感不僅致命，而且引發某種沉默和集體失憶症，好像它從未發生過。生活繼續過，西班牙流感的討論卻已靜默。

有人對這種史上第二嚴重瘟疫的世代性沉默提出幾種解釋，第一是最致命的染疫潮出現在第一次世界大戰關鍵的最後六個月。戰爭的經驗和死傷如此恐怖，使得瘟疫看起來就像陪襯的事件。當然，它不是。但人的心智只能處理這麼多恐怖，處理戰爭加上大流感的死傷可能令人不勝負荷。然而這個觀點並不適用於像印度、西非和南美等地方，這些地區遠離戰場，卻深受大流感的恐怖蹂躪。

另一個僅限於歐洲、美國和加拿大的因素是，戰時的言論審查嚴重限制坦誠討論瘟疫的能力，因為那被視為打擊士氣。記者和其他人經常被逮捕並指控寫的文章涉嫌鼓動暴亂，即使文章只提到戰時的艱困和戰役失利。大流感是禁止的話題，市民知道發生什麼事，因為他們知道屍體堆積在街道上或被馬車運走——未裝在棺木裡，因為缺少棺木。配偶睡在亡故的配偶旁邊，因為屍體不知送往何處，而且沒有別的地方睡覺。四周觸目皆是恐怖景象，但人們不能公開討論。嚴禁討論的規定很可能持續執行到戰後的世界。

最後還有一個由作家史賓尼（Laura Spinney）和阿諾德（Catharine Arnold）在他們討論西班牙大流感的書中提出的觀點，他們認為流感的影響深遠，但以隱藏、甚至潛意識的方式被提及。[4]小說家史坦貝克（John Steinbeck）、麥卡錫（Mary McCarthy）和漢密特（Dashiell Hammett）都熬過西班牙流感，阿諾德寫道：「史坦貝克的觀點因為這個經驗而永遠改變。」[5]她指出另一位作家伍爾夫（Thomas Wolfe）「在他最著名的小說《天使望鄉》（*Look Homeward, Angel*）中為他哥哥死於西班牙流感留下最引人入勝和動人的記述」。[6]史賓尼從漢密特《馬爾他之鷹》（*The Maltese Falcon*）中私家偵探史貝德的行為，看到流感受害者的孤絕。史賓尼指出，即使西班牙流感沒有被明白提到，但它引起的疫病和失能仍在一九二〇年代的文學扮演重要的角色，特別是在吳爾芙（Virginia Woolf）、喬伊斯（James Joyce）和歐尼爾（Eugene O'Neill）的作品中更是如此。

文學和藝術評論指出的結論是，西班牙流感在一九二〇年後對文化和社會造成巨大的影響，但那種影響是隱藏的、曖昧的，且大多數情況未直接提及流感的名稱。瘟疫的經濟被烙印在潛意識裡，並以間接的方式浮現，但它確實存在。

這帶領我們來到一九一八年流感瘟疫最被低估和不被了解的面向，而且它與我們從新冠瘟疫和新蕭條中復甦有著巨大關係。這牽涉病毒對大腦和中樞神經系統的影響。

作者巴里提供了豐富的親身記述、醫學報告、新聞報導和軼聞證據的整體觀點，全都指向西班牙流感對許多受害者的認知和心理健康有著深遠的負面影響。染病者在病情最嚴重時經常出現發高燒導致精神錯亂、器官缺氧和脫水的症狀。巴里指出，證據顯示心理疾病在病患高燒退去和看似「康復」後仍會持續很久。

巴里也摘要引述來源廣泛的臨床觀察，主要來自當代的醫學期刊和史料檔案：[7]

來自英國：「……根深柢固的心理慣性，和身體極度衰退。經常出現譫妄……包括各種程度的意識混淆到狂躁。」

來自義大利：「……重症期的流感精神病……通常在兩週或三週內消失。不過，精神錯亂可能發展成心理崩潰，麻木感可能持續並變成實際的癡呆。在其他病例……抑鬱和坐立不安……可能導致流感瘟疫期間大量民眾自殺。」

來自法國：「……流感的恢復期頻繁出現嚴重的心理障礙……這些精神障礙有時候以嚴重譫妄的形式表現，出現激動、暴力、恐懼和性興奮，並且在其他時候出現抑鬱……擔心被害。」

巴里把他的分析延伸到威爾遜（Woodrow Wilson）總統在一九一九年巴黎和會上的行動，該會議為第一次世界大戰協商一項條約。在一九一九年二月和三月的初期協商中，威爾遜堅決反對向德國要求嚴厲的賠償。然後威爾遜在一九一九年四月的第三波疫情感染流感，而且症狀嚴重。在他恢復期間，他的助理注意到他的態度改變，包括出現一些偏執和失去過去快速掌握細節的能力。威爾遜突然同意法國總統克里蒙梭（Georges Clemenceau）所提德國必須支付鉅額賠償，並把所有戰爭責任歸於德國的要求。歷史學家一致認為，一九一九年加諸德國的嚴厲和平條約，是一九二〇年代希特勒和納粹黨崛起，和一九三九年第二次世界大戰爆發的原因之一。怪罪西班牙流感造就希特勒可能太過頭，但證據顯示病毒和威爾遜受傷害的心理健康有一些關聯，而至少有一些結果成為另一場戰爭的原因。

著名的精神科醫生梅寧格（Karl Menninger）一九二四年在《美國精神病學期刊》（*American Journal of Psychiatry*）發表一篇題為「流行性感冒和精神分裂症」的文章，[8] 他寫道：「精神病的出現與流感有密切關聯，正如在一九一八年瘟疫期間的觀察，精神分裂症是最頻繁出現的症狀。」史賓尼引述女繼承人坎納德（Nancy Cunard）的病例：「她在一九一九年年初染上流感，出現肺炎，並在漫長的康復期間飽受抑鬱之苦。」[9]

從這些記述和其他來源都能明顯地看出，西班牙流感對心理健康留下長久而普遍的貽害。在許多例子裡，機能障礙以謀殺、自殺、家庭暴力的形式爆發；在另一些例子，它沉默地以抑鬱、人格改變和認知錯亂呈現。即使是最輕微形式的流感也能引發宿命式的沉思，表現在寫作、電影和繪畫上，雖然很少人提及它的名稱。持續到第一次世界大戰後才結束的西班牙流感是後來七十年動盪的序曲，這七十年經歷了大蕭條、第二次世界大戰、納粹大屠殺猶太人、核子武器問世、冷戰，以及期間的許多危機。西班牙流感留下的是一世紀的混亂。

現在，一世紀後，我們正與新冠病毒疫情搏鬥，我們是否也將面對新瘟疫留下的憤怒、怨恨和社會脫序？以經濟封鎖來因應瘟疫是西班牙流感以來很少採用的方法，它本身造成的創傷是否會成為未來經濟復甦的障礙，或者會不會使經濟不可能復甦？這些問題在目前都沒有明確的醫學答案，但正如西班牙流感的經驗，軼聞證據令人感到不安，它導致的任何機能障礙都可能長期滯留。

新冠病毒對心理健康的傷害有兩種形式，這與西班牙流感的傷害類似：第一是病毒侵入中樞神經系統的實體傷害；第二是由隔離、孤立造成的行為機能障礙和商業封鎖的精神影響。讓我們分別討論這兩種傷害。

初步的臨床證據顯示，除了肺部和其他器官等廣被報導的明顯傷害外，新冠病毒也能造成嚴重的神經傷害。科學期刊《放射學》（*Radiology*）在二〇二〇年三月三十一日發表第一篇與新冠病毒有關的「急性出血性壞死性腦病變」案例研究報告，這種罕見的病症呈現癲癇發作和認知困難等可能致命的腦部發炎危險症狀。[10] 該研究報告指出，「一名近六十歲的女性航空公司員工」表現出咳嗽、發燒和心智狀態改變的症狀。

《今日心理學》（*Psychology Today*）雜誌發表一篇由魯賓（Eugene Rubin）撰寫的文章，摘要記述與新冠病毒有關的心理健康問題，並呼籲神經醫學專業者進行研究，以預防瘟疫可能導致的認知機能障礙。魯賓寫道：「新冠病毒除了導致呼吸系統等被新聞媒體普遍描述的症狀外，也能影響中樞神經系統。受感染的個人至少有三分之一報告出現急性神經行為症狀，包括暈眩、頭痛……喪失嗅覺和思考能力受損。」[11]

魯賓也警告類似西班牙流感劫後發生的慘況可能重演，他說：「此外，還有非與病毒直接有關、而是與瘟疫的後果相關的精神症狀。第一線醫療專業人員出現創傷後壓力症候群的症狀會有多普遍？精神壓力、持續的恐懼、社交孤立、喪失親友、喪失工作、財務不安全和失去目的感，會導致焦慮症、抑鬱和藥物濫用急劇增加多少？」

的確，魯賓預測的社會壓力和行為障礙已經出現。知名的成癮治療與復健網絡恢復村（The Recovery Village）二〇二〇年五月二十九日發表的調查報告顯示，調查前一個月的酒精消費增加了五五％，非法藥物使用則增加三六％。[12] 該調查也顯示，受瘟疫影響最大的州（紐約、紐澤西、麻薩諸塞、羅德島和康乃狄克）酒精消費在同一時期增加了六七％。該調查使用藥物或酒精的人有五三％是「為了應付壓力」，還有三二％是「為了應付心理健康症狀，例如焦慮或抑鬱」。調查的結論是：「預期整個瘟疫期間的藥物濫用將增加，而瘟疫過後因為孤立、無聊、恢復資源減少和失業帶來的壓力，也將使成癮率上升。」

《大腦、行為和免疫健康》（*Brain, Behavior, & Immunity-Health*）期刊發表的一篇經同儕審查文章警告：

新冠病毒以及因應病毒所採取的緩解策略，對個人和團體的心理健康帶來重大威脅……新冠病毒導致的心理健康效應有多重因素，可能包括生理、行為和環境等決定因素。[13] 我們認為新冠病毒危機嚴重威脅我們對人際連結的需求，而缺少人際連結可能成為從根本上危及心理健康的關鍵環境因素。此外，由神經類型決定的「大腦型態」（brain styles）……可能與人際連結需求受到威脅交互作用，成為新冠病毒影響心理健康的原因。

從定義上來看，新冠病毒瘟疫是對人性的重大威脅。瘟疫以重大和明顯的方式耗竭我們的醫療和經濟體系，除此之外，新冠病毒對最基本的人類動機造成根本的威脅，特別是人際的連結。

這篇文章繼續描述更多的心理研究顯示人類需要連結和社群。隔離、自我隔離、經濟封鎖和單純的恐懼結合起來，已侵蝕我們所需要的社群感，在部分例子中甚至已將其摧毀。

文章指出，「這種史無前例的實體隔離與我們人類的本能和動機格格不入」。這些作法造成的傷害是「使內在的控制感變困難」，以及受害者「更可能感受社會摩擦」。文章也強調其他有害的心理效應，其共通點是封鎖和隔離製造出壓力和反社會的反應，包括抑鬱、自殺和「社會領域的機能受損」。

為皮尤慈善信託（Pew Charitable Trusts）撰寫報告的韋斯托（Christine Vestal）寫道：

> 在全國範圍內，心理健康電話和簡訊中心……提供了美國人如何因應新冠病毒瘟疫的初期描繪。[14]
>
> ……危機中心報告尋求協助的人數增加三〇%到四〇%……。
>
> ……心理健康專家預測，隨著疫情的進展，心理健康的需求將大幅湧現。
>
> 最後，瘟疫的心理衝擊傷害的人將多於病毒本身的傷害。專家說，它引起的廣泛情緒創傷將長久持續。目前有超過四十%的美國人表示，與瘟疫有關的壓力對他們的心理健康造成不利的影響……。

任教於約翰霍普金斯彭博公共衛生學院的埃佛利（George Everly）說：「毫無疑問的，新冠病毒瘟疫將成為任何人這輩子所受的最重大心理創傷災難。」

愈來愈多機構的研究結果與上面的描述一致。[15] 雖然疫情仍在早期階段，醫學研究（和無數軼聞證據）都發現新冠病毒瘟疫造成明確的神經和心理健康問題。第一類是病毒入侵大腦組織，造成從嚴重發炎和死亡，到較輕微但仍影響重大的迷失方向和認知損害症狀，這些情況都與西班牙流感的嚴重感染症狀相符。

第二類則不限於受病毒感染的人，涵蓋被感染和未被感染者。這與反社會和有時候暴力的行為有關，還包括瘟疫導致的抑鬱和焦慮。這些心理障礙是隔離、自我隔離和強制封鎖的苦果。一旦人被與正常的社會交往、談話和親友探訪隔絕，他們不只是獨處而已。他們會退縮，失去控制感帶來的恐懼、幻想和憤怒，將填補原來的日常作息和社交活動。這已經夠糟糕了，但如果憤怒被武器化並瞄準路人（也許遭到他人相同的報復），那麼更廣大的社會脫序就可能爆發。

感染新冠病毒造成的直接神經傷害，是一個逐漸受到科學家注意的嚴重問題，儘管如此，它仍不太可能超越西班牙流感期間類似的破壞對社會的衝擊。這只是單純數字上的比較：西班牙流感感染超過五億人，殺死多達一億人；截至二〇二〇年十月一日，新型冠狀病毒在全球感染超過三千二百萬人（具體數字因為檢測不足而更多），並殺死超過一百萬人。

每一個死亡病例都是悲劇，且每一個遭到神經傷害的人都值得注意，但新冠病毒的直接病毒傷害只是一九一八至一九一九年感染西班牙流感者的一小部分（不到一〇％）。

但就新冠疫情封鎖和經濟損失而受到行為性影響的更廣大人群（即使是未受感染者）來說，情況就不同了。受影響的人數實際上包括美國的每個男人、女人和小孩——三億三千萬人——以及全世界的數十億人。這種封鎖崩潰症候群將對社會和經濟造成深遠的後果——而且這些後果每天都在浮現。

有些個人承受的心理負擔並不屬於醫生可以辨識症狀或病情的性質，但它們對整體健康的傷害仍不容輕忽。瘟疫期間的生活現實對數百萬人造成傷害，不管他們是否感染病毒。

靠近全世界死亡率最高的新冠重災區震央布魯克林的一家健身館業主薩德赫（Maryam Zadeh）還記得，在二〇二〇年四月疫情高峰時，她位於聯合街的健身館外面空氣中總有一抹微塵，停在路邊的汽車也是蒙著灰。她突然驚覺那些灰塵是從附近格林伍德高地的火葬場排放出來的屍體灰燼。薩德赫看到成排的靈車停在南布魯克林棺材公司前面的街上，那是一家從一九三一年就在郭瓦納斯（Gowanus）聯合街營運的老店。靈車司機前來提取放在街旁的棺木，因為殯儀館裡已經缺貨，而且屍體已多到無處可以存放。女裁縫師正在縫製棺木內襯，工匠正在街上將把手栓上棺木，甚至棺木已開始被抬上靈車，因為時間緊迫，許多受害者等著被埋葬或火化。薩德赫也記得有一名感染病毒的鄰居死在樓梯井，官員告訴與這名受害者住在同一棟建築的居民，把屍體放在浴室，整夜開著窗戶，直到第二天有人來搬走遺體為止。薩德赫在病毒感染區前線的經驗類似於人們在戰區看到或聽到的情況，的確，布魯克林和全世界是在與病毒作戰。這種經驗將一輩子留在你腦海中，即使病毒本身已成為歷史。

病毒不在乎政治，正如前面討論的，科學家甚至不清楚病毒是不是活體。截至目前科學和軼聞證據描述的心理健康效應，包括抑鬱、焦慮、喪失社交能力，以及一些暴力傾向，出現在政治人物和警察等國家代理人身上，同樣也出現在市民、店員和示威者身上。抱持任何政治信念的人都無法免疫，這一點很重要，因為這是個極化的社會，人們傾向於放大「對方」的壞行為，並淡化自己支持陣營的反社會行為。反社會行為會帶來政治性的影響，但新冠病毒引發的行為不是政治性的，而是臨床性和傳染病性的。

例子不勝枚舉。

二〇二〇年五月五日，達拉斯一家沙龍的業主露瑟，被達拉斯的法官判處監禁七天和罰款每日五百美元，因為她藐視法庭並犯下為人剪髮的罪。她被指控違反封鎖令，雖然封鎖令的合法性備受質疑。地方警察原本可以援引非刑事法令，對她收取一百美元規費（類似開一張停車收費單），但警方和法官都升高了指控。根據紀錄，露瑟真正犯的罪是她拒絕向法庭

「道歉」，並承認她的行為「自私」。露瑟經典的回答是：「養活我的孩子並不自私。」這一件事被廣為流傳，使她成為地方的英雄，而法官則備受奚落。儘管如此，露瑟的抗命和法官的過度反應，都源自封鎖引發的相同焦慮和反社會態度。

類似的事件發生在緬因州，貝塞爾（Bethel）生意興隆的啤酒吧業主薩維基，違反州長密爾斯（Janet Mills）的封鎖令重新營業，並且在二〇二〇年五月三十日在緬因州首府奧古斯塔（Augusta）發起一場公眾示威，呼籲其他州民恢復他們事業的營運。緬因州的報復行動是撤消薩維基的衛生許可證——實際上剝奪了他的事業許可和生計。緬因州的作法可能違反美國憲法第四修正案，目前訴訟仍在進行中。和達拉斯的露瑟案一樣，緬因州可以援引規定對薩維基處以小額罰款，卻決定摧毀他的事業以警惕其他人。同樣的，市民和州當局的行為都出於疫情和經濟崩潰所導致的焦慮。採取政治立場對分析事理沒有幫助，只有了解這種疾病才有裨益。

隨著封鎖的進行，反對封鎖者和被派遣執行它的警察展現的憤怒和暴力威脅也日漸強烈。在二〇二〇年四月三十日，數百名示威者，其中有些拿著半自動步槍，聚集在密西根州首府蘭辛（Lansing）的州議會建築前，表達他們對州長惠特默（Gretchen Whitmer）實施嚴格封鎖令的反對，且部分武裝示威者闖入參議院的走廊。類似的武裝示威也發生在二〇二〇年五月十四日的蘭辛。

二〇二〇年五月十五日，俄勒岡州撒冷（Salem）沙龍業者葛瑞姆舉辦一場記者會，表示她準備違背州長布朗（Kate Brown）的封鎖令，重啟她的沙龍營業。俄勒岡的職業災害與健康管理局對該沙龍開出一萬四千美元的罰單，該州的證照局則揚言要撤銷二十三名與該沙龍有關的美髮師個人執照，使她們無法在全州各地工作。法律的攻擊還不只如此，五月七日，兒童保護局還突襲葛瑞姆的住處，搜索她的屋子並在沒有父母之一在場的情況下審問她的小孩。這次突襲不是因為有人投訴或有其他根據。州長布朗授意的罰款、撤銷執照和祕密警察式的突襲，純粹是為了懲罰敢於挑戰她壓制性命令的市民。

瘟疫和封鎖所引發的焦慮也展現在抗命、示威和警察行為以外的形式。二〇二〇年五月十四日，RealClear民意調查中心公布的報告顯示，在瘟疫平息後，有四〇%的美國家庭希望繼續採用在家教學或遠距學習，而不願返回公立學校系統。隨著封鎖令在二〇二〇年三月擴大到關閉學校，父母別無選擇地使用在家教學或視訊學習以持續子女的教育。社區團體和合作社紛紛成立，以分擔教育職責和利用一些父母提供的特定技能。這些安排運作出奇的好，甚至讓許多父母表示在封鎖結束後他們將持續在家教學。

在父母和企業主組織起來因應州級法令的同時，各州也組織起來對抗自己的州民。路透社報導阿肯色州、夏威夷州、肯塔基州和西維吉尼亞州都考慮採用「全球衛星定位系統式的腳環或智慧型手機追蹤應用程式」，以實施新冠病毒病患的軟禁。[16] 根據《路透》的報導，一家科技供應商的主管建議各州採用軟禁科技，只要捨棄「監禁者」而改用「病患」的用語。

二〇二〇年六月初，一連串包括海軍上將和四星將領的退休高階軍官發表對三軍統率的嚴厲批評和抱怨。這些將領中較知名的是退休的四星海軍陸戰隊將領和前國防部長馬提斯（James N. Mattis）。他寫道：「川普是我這輩子見過第一個未嘗試團結美國人的總統……他反而嘗試分化我們。我們正目睹三年來沒有成熟領導階層的後果。」著名歷史學家韓森（Victor Davis Hanson）駁斥馬提斯和其他批評的將領行為等同於叛國（克拉柏〔James Clapper〕將軍形容川普是「俄羅斯的資產」），並暗示他們意圖政變（麥克雷文〔William McRaven〕說川普應該被去職，「愈快愈好」）。[17] 韓森提醒說：「在危機時期，他們眾口一致的抱怨、說謊和結黨抗拒，已危及他們宣稱遵守的憲法秩序。」

然後水壩潰堤了。二〇二〇年五月二十五日，四十六歲的非裔美國人佛洛伊德（George Floyd）在明尼蘇達州明尼亞波利斯市一次被指稱使用偽鈔的逮捕中，遭白人警官肖萬（Derek Chauvin）殺害。另外三名協助逮捕的警官在一旁看著肖萬用膝蓋壓著佛洛伊德的脖子近九分鐘，被手銬銬住的佛洛伊德懇求饒命，並重複說「我不能呼吸」。幾天後這幾名警官遭到解職，肖萬被以三級謀殺罪和殺人罪起訴（後來加上二級謀殺罪），其他警官則以協助和教唆二級謀殺罪起訴。肖萬的保釋金訂為一百二十五萬美元，其他警官則各訂為一百萬美元，等候審判。

美國和全世界群情激憤，引發的反應從和平示威、極端暴力到劫掠商店都有。美國各地有超過七百五十個城鎮和全世界超過一百個城市發生示威遊行，反對種族歧視和警察暴力。有些城鎮演變成有組織的極端分子（特別是一個稱為反法西斯主義運動〔Antifa〕的新法西斯團體）和犯罪幫派焚燒警車、破壞地標建築外觀、打砸商店櫥窗和劫掠商品。到了六月三日，超過二百個美國城市實施宵禁，超過三十個州動員逾二萬四千名國民警衛隊人員以鎮壓騷亂和暴動。超過一萬一千名示威者和劫掠者遭逮捕，還有至少二十一人直接死於暴動。六月九日，Antifa領導的武力接管西雅圖市政廳，並在西雅圖警察局東轄區附近建立所謂的國會山自治區（CHAZ）。警方撤出轄區派出所，攜帶武器的佔領者用被拋棄的警方路障和臨時找來的材料設置安全邊界。警察從國會山自治區撤出，無家可歸者則被邀請進入，這個自治區很快就出現食物短缺。

從抗命的美髮師到一個大城市的武裝佔領者，美國人的憤怒、挫折和暴動在短短九十天內達到白熱化。美國的種族歧視歷史長達幾世紀，從一八六五年結束奴隸制度的憲法第十三修正案通過以來，早已體制化並深植於美國文化之中。但有許多種族的不正義都未像佛洛伊德遭殺害引發如此大範圍和平示威或暴力。把城市暴動歸罪於新冠病毒似乎太過份，正如把第二次世界大戰怪罪於威爾遜感染西班牙流感。Antifa早已蓄勢待發，準備採取行動。[18]但推論對感染的恐懼、隔離和封鎖的反社會制約，以及對瘟疫何時結束毫無把握，是全美國出現自一九六八年城市暴動以來最嚴重的社會動亂的主要因素並不過份。焦慮和抑鬱瀰漫於各地，如果殺害佛洛伊德是一根火柴，封鎖的耗竭則是助燃劑。不管是達拉斯的美髮師反抗法官，或揮舞木棒的極端份子反抗紐約市警局，都是政治人物利用瘟疫玩弄權術導致美國人心理受創的結果。

佛洛伊德遭殺害引發的動亂在任何時候都是代價沉重的。損失的人命、遭砸毀的櫥窗、被劫掠的產品、燒毀的建築，和企業主受到打擊的士氣，即使在最好的時代都是重大的負擔。但此時並非最好的時代，在佛洛伊德被殺害時，只有少數企業從封鎖重啟營業，顧客仍生活在對病毒的恐懼中。在封鎖之後又遭到劫掠者的蹂躪，對許多人來說是希望的破滅。有一段被無數人點閱的影片從一輛穿越曼哈頓中城的汽車拍攝，呈現出一個又一個街區的高檔商店以木板封住店面，就像海濱木板道的小酒館等著颶風來襲。但颶風穿著黑盔甲、握著鐵棍襲來又退去，傷害已經造成，社會封鎖將使我們從病毒封鎖恢復的時間拖得更長。

《華爾街日報》副總編輯亨寧格（Daniel Henninger）在二〇二〇年六月二十二日的專欄裡，完美地捕捉了瘟疫的種種心理衝擊、憂鬱和社會動亂：[19]

> 這其中存在一個公民秩序的嚴重問題，但如果你超越暴力和脫序，你將看到一件相當悲哀的事正在發生。這些城市無法壓抑的生命力——它們存在的理由——正在消失，遭到瘟疫、封鎖和一種永遠抗議的新文化所侵蝕……。

兩家紐約格林威治村最亮麗的爵士俱樂部業主兼創辦人威爾默（Spike Wilmer），恰如其分地描述了這個城市：

> 我很難描述，但那種感覺已經消失，悸動已經不在。造就紐約成為紐約的東西已經不見了……。
>
> 那充滿了緊張。人們都很焦慮和憤怒。每一家店都關閉，或者如果有開門，也是生意清淡。完全沒有夜生活。如果你在晚上九點走出公寓，那完全是個鬼城，住著幽靈、喪屍和危險的人。

全球性瘟疫的後果就是社會脫序伴隨著經濟衰頹的危險。[20] 倫敦經濟學院（LSE）教授米拉諾維奇（Branko Milanovic）在《外交》雜誌上描述這種社會經濟性的關係：

> 新冠病毒瘟疫的經濟衝擊，不能被視為一個總體經濟學可以解決或減輕的尋常問題。相反的，世界可能目睹全球經濟的特性出現根本性的改變……。
>
> ……降低利率無法彌補勞工失去工作的損失——這就像一座工廠在戰爭中被炸毀，降低利率無法在第二天、一週後或一個月後就恢復損失的產品供應。
>
> ……疾病的人命損失將是最重要的成本，而且是可能導致社會瓦解的成本。那些倖存的人將失去希望、失去工作、失去財富，他們將很容易轉而反對生活得更富裕的人……如果政府必須訴諸準軍隊或軍隊來平息動亂或對財產的攻擊，社會可能開始崩潰……。
>
> ……此時經濟政策可以扮演的最重要角色，是在不尋常的壓力下維持強大的社會連結。

米拉諾維奇談到「軍隊」和「動亂或對財產的攻擊」時是在佛洛伊德之死引發暴動前。從事後看來，他的話語令人不寒而慄。米拉諾維奇是一位專門研究所得分配和不平等的經濟學家，他強調必須強化社會連結，那就像臨床醫生和精神學家提出對新冠病毒散播和從封鎖復甦的建議。經濟學和政治學早已結合，現在經濟學和醫學也已攜手合作。

在我二〇一九年寫的書《下一波全球經濟浩劫》（*Aftermath*）的結論中，我寫道：[21]

> 想像一個比二〇〇八年及其後果更嚴重的假想情況可能很難，但這種情況並不少見——它們在美國歷史上已發生許多次……。
>
> 這種情況應包括金融停擺，但除此之外，還得進一步設想更大規模的資本市場和緊密相連的機構間更快的傳染效應，以及不可避免地將衝擊重大基礎設施和最終的社會秩序……。
>
> 其他觸媒包括瘟疫、戰爭，和一家主要銀行在央行來不及救援前出乎意料破產。雖然這些事件個別的可能性都很低，但未來幾年不發生任何這類事件的機率趨近於零……。
>
> 社會學家和歷史學家都記錄了文明的虛有其表。一旦關係的系統崩潰，文明的行為只能持續三天，然後叢林法則開始當道。市民憑恃暴力、金錢、退避偏鄉，和採用其他形式的威懾來維繫他們的地位……我們關心的不是這種情況下的正義，而是極端情勢只持續幾天而非幾週，就有武裝的準民兵湧上街頭肆行暴力。文明只有薄薄一層外表。

在最後一章，我們將檢視在新經濟秩序中各項事物所處情況的問題，並提供如何在瘟疫後的世界保存財富和繼續興旺的具體指引。這不像看起來那麼困難，嚴謹的分析和及早行動是其中關鍵。

德國工業家史汀尼斯（Hugo Stinnes）在一九二〇年代初期、威瑪共和惡性通膨最糟的時代賺了大錢，他借入帝國馬克然後買進硬資產，後來這些資產價值飆升，而帝國馬克幣值大幅縮水，他以毫無價值的帝國馬克償還債務並保留那些資產。在德國，他被取了「通貨膨脹王」的綽號。

一九二〇年代末，甘迺迪（John F. Kennedy）總統的父親喬瑟夫．甘迺迪（Joseph P. Kennedy）在華爾街賺大錢，先是在股市泡沫時期大買股票，然後在一九二九年崩盤期間放空它們。大多數投資人血本無歸，喬瑟夫．甘迺迪卻比之前還富裕。

這些例子顯示，即使在惡性通膨和市場崩盤期間還是可以賺到錢。這種技巧牽涉精確的預測、預期政府的政策反應，以及靈活地在混亂前做投資。如果你能預見危機時期的政策反應，投資就很簡單。如果預測正確，事先看出政策反應也很容易。但做正確的預測很難，這就是複雜性模型可以賦予投資人的優勢。

| 第六章 |

後瘟疫世界的投資

最讓我感到特別的是……我們社會秩序最平凡的習慣，與突然推翻社會秩序的連串事件的開端完全吻合。[1]

——威爾斯（H. G. Wells），《世界大戰》（*The War of the Worlds*），1898年

雖然威爾斯的小說《世界大戰》寫在西班牙流感之前二十年，書中卻不斷提到流感的歷史記述。原因很簡單。威爾斯描述火星人勢如破竹地入侵地球，火星人細長的三足戰爭機器配備熱射線裝置和毒氣，實際上是當時軍事強權的武器無法抵擋的。火星人到處橫行，殺害人類、摧毀建築、燒毀農莊。然而正當人類面臨滅絕的危機時，火星人突然紛紛死亡。威爾斯描述那種情景：

散落在各處的，有些在它們翻倒的戰爭機器裡……都是火星人——死去的——被它們的系統無法抵抗的腐敗和疾病細菌所殺死；……在所有人類的裝置已經失敗後，被上帝以祂的智慧放在地球上最卑微的東西所殺死。[2]

……火星上沒有細菌，而這些入侵者一到達後就又喝又吃，我們的微形盟友便開始進行它們的顛覆。在我看著它們時，它們已經必死無疑了。

威爾斯的作品極度受歡迎，而且舉世聞名。他的用語「它們的系統無法抵抗的疾病細菌」引起西班牙流感受害者的共鳴，因為當時的大多數科學家認為西班牙流感是由細菌所引起，直到一九三一年病毒的理論才得到證明，而且直到一九三五年電子顯微鏡發明後，科學家才真正看見病毒。西班牙流感受害者的脆弱正如小說中的火星人，許多人在感染後便突然死亡。新型冠狀病毒也讓新聞報導再度提到《世界大戰》，受害者對這種致命的病毒同樣沒有免疫力。

在威爾斯的小說中，還有一個針對一八九八年讀者的主題，而且與今日的投資人高度相關，這個主題即認知與現實的差距。這種差距出現在一個客觀的現實存在、但觀察者沒有做好接受現實的準備或不知道它時。在《世界大戰》中，火星人登陸地球並開始組裝它們的戰爭機器，但大多數人類不相信或不在乎。消息從火星人登陸地區向四周慢慢傳開，傳到地方城鎮，最後傳到倫敦和世界各地。但消息在每一個階段都遭遇漠不關心或不相信的反應，最後世人終於認清現實，但已經太遲了。火星人已大肆破壞，已經來不及逃跑。威爾斯的寓意是警告——不是警告火星人到來，而是警告科技和人類對它帶來的危險漠不關心。美國社會心理學家費斯廷格（Leon Festinger）在一九五七年把這種現象命名為「認知失調」，但這種現象和文明一樣古老。

長期下來，現實和個人信念的差距會製造出心理壓力，觀察者必須改變他的觀點以順應現實，否則現實將讓觀察者難以承擔，進而可能造成重大傷害。那就像站在火車軌道上看一列火車接近，卻想讓自己相信沒有火車，或火車沒有移動，或它將會及時停下來。最後觀察者必須決定那是一列移動的火車，並從軌道跳開，否則他將被火車輾斃。

認知差距是獲利的關鍵

認知不一致是描述今日大多數市場參與者行為的最好方法。一方面，美國正同時經歷自西班牙流感以來最嚴重的瘟疫、自大蕭條以來最嚴重的蕭條，以及自一九六八年以來最嚴重的暴亂。另一方面，美國的主要股票指數到二〇二〇年六月初已收復二月至三月的大多數跌幅，那斯達克綜合指數在二〇二〇年九月二日創下一二〇五六點的歷史新高。

市場多頭宣稱股市看的不是今日而是未來，並以今日的價格來反映未來世界的狀況，樂觀的預測為新多頭市場提供了理由。但那是一部分人的認知，現實卻完全不同。

失業率將下降，但它將從七十五年來的最高水準下降，而且至少五年內無法回到瘟疫前的水準，可能還需要更久。成長將恢復，但力道將很微弱，二〇一九年的生產水準最快要到二〇二三年才能恢復。律師正在破產法院大排長龍以提出歷來最高紀錄的大企業破產聲請案，儘管政府提供了紓困金和優惠貸款，許多中小企業將永遠無法重新開張。標準普爾五百指數的本益比已達到二〇〇〇年年初網路泡沫以來的最高點，新手散戶投資人正兌現國稅局的紓困支票並設立線上股票經紀商帳戶，以購買已經破產的赫茲（Hertz）公司股票。新投資人維蒂薇蘇說，她的刺激方案支票「基本上是白拿的錢，所以我決定試試手氣……這就像賭博一樣」。[3]在破產程序中，股票權益通常價值為零，但像維蒂薇蘇這樣的新手在二〇二〇年六月的頭一週買赫茲股的錢，憑著純粹的投機從每股〇．七二美元翻漲好幾倍到五．五〇美元。然後當紐約證交所的下市通知在六月十日發出時，赫茲股急遽崩跌。新手們上了破產和證券法的一堂速成課。

至於經濟的情況又如何？經濟會迅速復甦並恢復常態，讓人們有機會趁著股價便宜買進股票嗎？或者復甦將緩慢且疲弱、失業率居高不下、產出不足，還有一個等著爆破的股市泡沫？兩種假想情況不可能同時成真，一個將是現實，而另一個將是拒絕接受現實。認知和現實的差距是市場參與者運作時認知不一致的例子，這種認知差距為投資人的獲利創造大好機會。如果股市是對的，那麼經濟將很快蓬勃成長，投資人將在商業房地產、公司債、新興市場和旅遊餐飲業上獲利豐碩。如果股市錯了，獲利機會將來自放空股票、買美國公債、放空美元，和買進黃金。哪一種才正確？

這種認知不一致的思想實驗為投資人展現了幾個基本事實，第一是你可以在各種市場裡賺錢。在空頭市場你應該迅速變賣成現金並退場觀望的概念是錯的，這麼做雖然可以保住財富，但投資人將錯失空頭市場存在的獲利機會。遺憾的是，投資人被教導股票、債券和現金是他們可以考慮的僅有的資產類別（四〇一〔K〕退休金計畫也只包含這些資產）。然而還有其他高流動性的市場如房地產、私募股權、另類投資、天然資產、黃金、貨幣、藝術品、權利金、保險理賠等資產類別。這些資產類別不只是為僵化的股票與債券配置增添廣度，它們還帶來真正的多樣化，而多樣化正是少數可以增加報酬卻不增加同等風險的方法之一。

認知不一致的第二個教訓是，如果你了解市場是與資訊有關，而與正確或錯誤無關，那麼獲利機會就能一目了然。有一個迷思即市場是一個有效率的提供價格發現的地方，可以順暢地處理進來的資訊，並不斷調整到新的價格水準，以便投資人趕上並利用它。這從來就不是事實，而且在今日還比昔日更不真實。「效率市場假說」是一九六〇年代在芝加哥大學教員休息室夢想出來、並且後來向好幾個世代的學生宣傳的概念。它缺少實證的支持，而只是看起來很優雅的閉式解（closed-form equations）。市場沒有效率，它們在一出現問題的跡象時就凍結了；市場也並不持續調整價格水準，而是以巨大的百分比率價差上下跳動，這可以為作多者或放空者製造獲利或虧損。這就是人生，但不要假裝它有效率。最重要的是，效率市場假設被用來驅趕投資人進入指數型基金、指數股票型基金（ＥＴＦ）和被動投資，根據的是「你無法打敗市場」的概念，所以你最好跟著指數走。這對華爾街的財富經理人只有好處，因為他們對投資帳戶和新產品收手續費；但這對投資人卻很不利，因為他們每隔十年左右會一次虧損三〇％（或更糟）而必須重新累積損失的財富。你可以用精準的預測、市場擇時（market timing）和完全合法的內部資訊來打敗市場。專業級投資人就是這麼做的、程式交易就是這麼做的，而且一般投資人也可以這麼做。

市場很少是對的

事實是，市場預測錯誤的可能性比預測正確來得大。當市場預測錯誤，認知和現實的差距就可能是投資人獲利的機會。二〇〇七至二〇〇九年金融危機在二〇〇七年春季抵押貸款還款拖欠比率大幅上升時，逐漸浮上檯面。流動性在二〇〇七年八月出現緊俏，兩家抵押貸款避險基金和一家貨幣市場基金大約在同時倒閉，然後問題似乎開始失控。在九月，財政部長寶森（Hank Paulson）宣布超級結構型投資工具（Super SIV；一種專為再融通商業銀行資產負債表外負債而設計的延展型結構型投資工具；它一直未派上用場，但當時聽起來很不錯）。股市指數在二〇〇七年十月創歷史新高（在危機開始的六個月後），部分原因是寶森和柏南克（Ben Bernanke）虛假的承諾。二〇〇七年十一月，來自阿布達比、新加坡等多家主權財富基金藉由買進特別股和債券來紓困商業銀行。一切都沒事，至少表面上看起來如此。

但到了二〇〇八年三月，投資銀行貝爾斯登倒閉，摩根大通銀行（JPMorgan）很快收購它，市場也鬆了一口氣。然後在六月，抵押貸款融資巨人房利美和房地美相繼破產，國會立即通過一套紓困法案，市場再度自滿起來。再一次的，最糟的情況已經過去！

很明顯的是，在二〇〇七年八月的警訊後，投資人目睹了一連串的倒閉事件。同樣明顯的是，倒閉事件還未結束。雷曼兄弟（Lehman Brothers）自一九九八年以後一直是華爾街鏈結中最弱的一環，並被圈內人認為是新危機中下一家會倒閉的銀行。我在二〇〇八年向麥肯（John McCain）的總統競選團隊解釋這個危險，卻因為這項預測而遭到譏笑，且未被邀請去做進一步的說明。市場繼續表現得像沒有任何問題發生。

最後在二〇〇八年九月十五日，雷曼兄弟聲請破產，那就是認知（危機已經過去）和現實（危機正要開始）的差距突然接近的時刻。大多數投資人遭到碾壓，那是市場沒有看到正在接近的點，聯準會主席柏南克也沒有看到，因為他在二〇〇七年說房貸問題會安然度過。市場不是未來事件有效率的反應機制，認知不一致讓投資人在事實很慘淡時相信會有最好的結果。在那個九月，飄在幻想世界的市場遭到無情現實的打擊。

市場沒有看到二〇〇八年逼近的崩盤，也沒有看到二〇二〇年來臨的崩盤，市場不擅長做這件事。了解未來將發生什麼是你自己要做的事。

如何打敗市場

你如何打敗市場？有三個步驟：做正確的預測，正確地了解政策反應的運作，以及搶先進行交易。我們將用原始模型和最佳行動計畫來解釋這三個步驟。然後將以這套技巧來形成具體的投資建議。

在深入討論方法和建議前，你還需要一個基本忠告：你必須有充足的資訊和保持靈活。華爾街的「決定好就忘了它」（set it and forget it）是虧錢的最好方法，買一檔指數基金並「長期投資」的概念是無稽之談。當你每隔十年虧損三〇％到五〇％的市值時，那就沒有長期可言。雖然市場最後收復了失土，但那不表示你就應該遭受損失。如果道瓊工業指數從二九〇〇〇點下跌到一八〇〇〇點，它最後可能回到二九〇〇〇點，但可能花五到十年的時間。華爾街說：「沒錯，但你終究把錢賺回來了！」不見得，真正發生的是你在這五年完全賺不到錢。但如果你在二八〇〇〇點出清股票（錯失前一波上漲的最後三．五％），並在一九〇〇〇點買回股票（錯失新一波漲勢的最初五．五％），然後隨著市場漲回二九〇〇〇點呢？你在這一跌一漲的行情中累積的報酬率是五三％，而跟著市場下跌並漲回來的長期投資人報酬率是零。這是華爾街財富經理人不會告訴你的事，他們只希望你的錢留在讓他們能收到管理費的帳戶。他們不關心你、你的財富或你的退休計畫。

這個技巧（有充足的資訊和保持靈活）不限於用在股票市場，它可以應用於各種資產類別，包括債券、私募股權和黃金。我不斷遇到對我提出的特定投資建議大感吃驚的人，他們說：「六個月前你說的完全相反！」沒錯，六個月前安全合理的建議可能執行得一如預期，創造豐厚的獲利，但現在該是出清部位、獲利了結和嘗試新標的的時候了。這在貨幣市場和商品市場尤其真切，這些市場的美國價格可能在區間波動，所以能預期價格的反轉。歐元／美元匯率可能在一．○○美元到一．六○美元間波動，但不會像一家破產的公司那樣變為零，或像蘋果股票那樣飆漲。在關鍵的轉捩點反轉方向是基本的交易技巧，市場每日改變，環境每日改變，消息也每日改變，你必須至少調整部分投資組合才能打敗市場。

這不是當日沖銷交易（我並不推薦），我們的目標不應該是每天賺取蠅頭小利。一些交易人擅長此道，但大部分人血本無歸。最好的操作法是設定中期目標（六個月）並持續修訂，這不表示設定五到十年目標的部位無法賺錢；它可以賺錢，不過，你應該每隔六個月評估部位，在必要時出脫部位以閃避迎面而來的火車。市場在這方面做得很差；市場傾向於被火車碾壓，讓投資人損失慘重，但個別投資人可以利用正確的模型和前瞻的交易來執行這套策略。

提醒有關模型的事：多年來我對大多數經濟模型都極度挑剔，像是菲利普曲線（Phillips curve）、非加速通貨膨脹失業率（NAIRU）、中性實質利率（R-Star）、財富效應、布萊克—休斯（Black-Scholes）、無風險利率（risk-free rate）和其他偽科學。它們與現實毫無關係，而是造成認知與現實差距的主要原因之一，也是當現實打破閉門造車的學術幻想時往往導致大震撼的原因。這些模型（通稱為動態隨機一般均衡模型；DSGE）應該被拋棄，但它們不會被拋棄，因為橫跨三代的學界經濟學家投資太多時間和精力來創造和延續它們了。那也沒關係，學界的損失就是你的利得。如果政策是根據有瑕疵的模型制定，而且你知道那些瑕疵，你就可以跑在政策前面。

先談一下分散投資：它很管用。分散投資是提升報酬率而不增加等量風險的穩當方法。問題是大多數投資人不了解分散投資是什麼，他們的財富經理人也一樣不了解。你的財富經理人會告訴你，如果你持有分散在十個產業的三十檔股票（例如分散在能源、原物料、工業、非必需消費性產品等），你就是分散投資。但你不是，你持有十個產業的三十檔股票，但它們都是股票，同屬一個資產類別。股票價格的關聯性愈來愈高，與整體市場的關聯性也是。這種關聯性有其原因，包括被動投資、指數投資、熱錢、指數股票型基金和程式交易。你不必是這些原因的專家，只要了解不同的股票無法讓你分散風險。真正的分散投資不來自一種資產類別，而是跨越資產類別。擁有一些股票不是問題，但你應該謹記增加債券、黃金、房地產、私募股權和其他與股票沒有高度關聯性的資產類別，這才是能讓你提高報酬率的方法。

再談一下程式交易：今日超過九〇%的股票交易不是由人來執行，而是由機器人。不管這項資訊多常被談到，投資人還是不明白。現在有的不只是以匿名方式和低廉的執行成本進行交易的電子下單撮合系統（這類系統從一九九〇年代就已存在），而是使用程式演算法做買賣決定，並在毫秒之間執行交易的真正機器人，完全無需人的干預。當你做投資決定時，記住你不是與其他投資人競爭，而是與機器人競爭。

這是好消息，因為機器人很笨，它們完全照指令做事。當你聽到「人工智慧」這個詞時，應該忽略「智慧」兩個字，而專注在「人工」。機器人是以矽谷的程式設計師開發的程式碼設定的，這些程式設計師有許多從未涉足華爾街。他們利用大數據、關聯性和迴歸法，並從報紙標題和內文尋找關鍵字。當特定的關鍵字出現，或當價格波動偏離預設的基準時，機器人就被觸發以執行買或賣。大概就是如此。

一旦你了解機器人的演算法，就可以輕易超前它們。機器人假設未來和過去類似，但事實並非如此，人性可能不會改變，但環境隨時在改變，這就是我們能從歷史鑑往知來的原因。機器人假設說出關鍵字的人知道他們在做什麼，但他們不知道。聯準會的預測紀錄比任何主要經濟機構還糟，國際貨幣基金（IMF）也好不了多少。官方的預測永遠要注意聽，但絕不能盡信，主事的官員不知道他們在做什麼。機器人龐大的數據庫可能有大量資料，但那些資料不會回溯太久的時間。二十年或三十年不足以形成一個良好的基準，九十年可能好些，一百二十年更好。機器人通常「逢低買進」、追逐動勢，並且相信聯準會。當你知道機器人們正帶領市場跳下懸崖時，你可以超前避開別人無法避開的修正，從機器人的盲點來獲利。同樣的，你是從現實與認知的差距獲利。

再談談有關內部人交易（insider trading）：它是合法的（大多數情況下）。內部人交易牽涉利用具體的非公開資訊，在宣布重大措施前進行交易以打敗市場。只有在你竊取資訊或從某個違背信任關係的人——例如律師、會計師、主管、官員或以不正當手段取得資訊的人——獲得資訊時，它才是違法的。如果你藉由自己做出更好的分析、設計更好的模型或你發明的專屬系統，或你身為訂戶而合法獲得的資訊，那麼你就不是竊取資訊，而可以完全合法地據以進行交易。事實上，學術研究顯示，根據內部資訊領先市場進行交易是打敗市場唯一的方法。這是優秀的模型加上抓住時機的結果，是績效超越市場的關鍵。這也解釋了為什麼你必須保持靈活，因為模型的產出總是隨著資訊的更新和條件式的關聯性而改變。

總結而言：

- 使用有效的模型（下面將談到）。
- 不斷更新（以滾動的六個月為期）。
- 分散投資（跨越資產類別，而非在一個資產類別內）。
- 取得專有的內部資訊（合法地）。
- 使用市場擇時技巧（以打敗其他投資人）。
- 超前機器人（它們並不聰明）。
- 利用認知差距（事實最後一定勝出）。
- 保持靈活。

這就是操作準則。現在讓我們看看具體的模型和具體的投資組合配置。

一套預測性分析模型

上一節討論了政策制定者和華爾街財富經理人使用的有缺陷的模型，但究竟預測性的模型實際上如何運作？

我們設計模型的技術，利用了四個符合現實且能解決不確定性的科學分支，第一個分支是複雜理論（complexity theory），它教導我們複雜動態系統的結果與時機都是無法預測的，但其震撼的分布則很容易預測。簡單的說，這表示影響市場的重大事件發生的頻繁度比常態分布（鐘形曲線）或均衡（DSGE）模型預測來得高。如果鐘形曲線模型預測極端事件每一百年發生一次，但你知道（利用複雜理論和檢定力曲線〔power curve〕）這種事件每七到十年發生一次，那麼你將在其他人驚慌失措高喊「黑天鵝！」（一個空洞的陳腔濫調，喊出它的人自己也解釋不清楚意思）時，處於從這類事件獲利的地位。複雜理論也教導我們極端事件的特性（突現性質）無法從系統因素的知識推論出來。這是震撼非但比華爾街預測的更頻繁，而且其類型也不同的原因。這不表示你能精確地預測下一個震撼，這表示你可以預期無法預測的事會以特定的頻率發生，光是這一點就能讓你變成更好的投資人。

模型建構的第二個分支是貝式定理（Bayes' theorem）。貝式定理是一個應用數學公式，一種當你沒有足夠的資訊來藉演繹解決問題時所使用的工具。如果解決一個問題的所有資訊都在你眼前，一個聰明的高中生就能解決它；但當你沒有那麼多資訊時（大部分情況都是如此），你會怎麼做？當你沒有任何一點資訊時，你又會怎麼做？這就是使用貝式定理的時候。貝式定理也有助於克服複雜理論中的不確定因素，這是它們結合運用起來很有效的原因。我二〇〇三到二〇一四年在美國情報界工作時學會使用貝式定理，中央情報局和洛斯阿拉莫斯國家實驗室（Los Alamos National Laboratory）在從反恐怖主義到核彈爆炸模擬上廣泛使用貝式定理，不像華爾街幾乎不用它。同樣的，華爾街的損失就是你的收獲。

實際作法是，先從對答案做一個聰明的猜測開始，並根據經驗、歷史、直覺、軼聞或你擁有的任何資料碎片，並以一個機率表達。主流的統計專家和學界經濟學家討厭且鄙視猜測，他們要求更多資料；但當你沒有資料而問題重要得不能擱置時，聰明的猜測是你唯一能做的事。接著，你用後來獲得的資料更新之前的猜測。當新資料進來時，你問自己：如果第一個猜測是真（或偽），第二個資料點的條件機率是多少？這有相當的難度，因為你必須對自己誠實（初始的猜測是否錯誤），並且要避免犯確認偏誤的毛病（評估所有新資料，而不只是你同意的部分資料）。在這個階段，謙遜是你最好的朋友。

慢慢的，猜測正確的可能性會降低（這時候你得拋棄它）或升高（這時候你可以加碼押大注）。當猜測正確的可能性達到九〇％時，你甚至可以上電視做鐵口直斷的預測，正如我在二〇一六年正確預測川普將贏得大選，以及英國選民將投票支持英國脫歐那樣（這兩項預測當時都面對輿論一面倒地預測希拉蕊．柯林頓會勝選，和英國會「留在」歐盟）。在這兩個例子裡，我並未完全依賴民調，而是使用軼聞資訊，例如從訪問奧扎克山脈（Ozark Mountains）的一個福音派教區時，搭灰狗巴士計算屋子前院的標語牌，並與計程車司機、旅館櫃檯人員和倫敦的酒保閒話家常。我對華爾街分析師的建議是，多走出辦公室、遠離電腦螢幕，但很少人聽從這個建議。

第三個分支是歷史。學界經濟學家和華爾街分析師鄙視歷史或完全忽視它，因為歷史無法量化也不能用於方程式。那是他們的損失，沒有比歷史更好的老師了。個別的故事可能不會重複發生，但模式會。歷史可能難以量化，但你可以用它在認知地圖上創造因素節點，這些節點與其他節點交互作用的力量就可以被量化。複雜理論可以幫助我們畫地圖，而貝式定理可用於指定力量數值給節點的產出，這顯示了科學分支如何以跨學科的方式結合運用。

聽今日的分析師提到修昔底德陷阱（Thucydides trap）——由作家艾利森（Graham Allison）提出的概念——實在很有趣，[4] 他以西元前五世紀一個新崛起的強權（雅典）和既有強權（斯巴達）間發生的伯羅奔尼撒戰爭（Peloponnesian War），來警告今日新崛起的強權（中國）和既有強權（美國）間即將發生的衝突，這是歷史可以在今日用來協助做總體分析的好例子。就預測來說，我想提醒讀者，斯巴達贏得戰爭的部分原因是一場瘟疫。

第四個分支是行為心理學。這是一個在經濟學得到熱切注意、但在總體經濟模型中幾乎未曾被應用的領域。在某些方面，它是對常識的科學研究，揭露出人往往表現出經濟學家所定義的「非理性」。精心設計的實驗可以辨識出明確的認知偏誤，並顯示這些偏誤如何引導人的決定。今日這個領域最著名的研究者是普林斯頓榮譽退休教授兼諾貝爾獎得主康納曼（Daniel Kahneman；他把功勞歸於已故的同僚特沃斯基〔Amos Tversky〕）。他們辨識出的許多偏誤之一是「確認偏誤」（confirmation bias；我們傾向於接受我們同意的資料，和拋棄我們不同意的資料）、「錨定偏誤」（anchoring bias；我們傾向堅持舊觀念，儘管有相反的證據也不改變），和「近因偏誤」（recency bias；我們過度地受最近的觀念影響）。如果你發現這些偏誤有些彼此矛盾，你說對了，那是整體非理性的一部分。這些偏誤適用於廣泛的行為，但它們在分析資本市場時特別有用。行為心理學協助解釋市場泡沫（確認偏誤讓投資人忽視警告跡象）和市場崩盤（損失規避偏誤〔loss-aversion bias〕導致投資人重視規避損失甚於重視賺錢），這些研究都很有說服力且極為有用。行為科學在華爾街受到口頭的讚譽並在雞尾酒會上被人討論，但大多數模型卻不使用它。標準的風險管理模型仍然假設未來類似於過去、泡沫不存在，和崩盤是「百年一次的風暴」（它們實際上經常發生）。和華爾街相反，預測分析模型的技巧經常應用行為心理學的真知灼見。

在新模型中結合運用複雜性、歷史、心理學只是一個開始，從這裡我們可以建構包含節點（代表關鍵因素或可交易結果的個別事件）和優勢（在一個綿密網絡中連接節點的線）的認知地圖。我們可以為各個市場或資產類別（利率、股價指數、貨幣、商品等）創造不同的地圖，這些地圖是在最了解有關因素的該領域專家指導下建構的。優勢被賦予一個方向（A→B）並指定一個權值，其中一些優勢基於遞歸函數所以是全方位的（A↔B），節點則包括根據一種新分支的應用數學而編碼的指示。最後，節點的處理內容則包含市場資料，和用比標題閱讀機複雜的一般文字閱讀能力解讀龐大的消息來源。優勢權值和節點會不斷更新，以反映市場和政治情勢。可交易的產出節點通常設定六個月的期間，並在必要時可以延長或縮短。

這是我們的分析系統，它不是給當沖交易者使用的。這種新模型無法告訴你明天會發生什麼，它們可以告訴你六個月內會發生什麼。它能讓投資人搶在市場前面進行交易，而那就是持續的風險調整獲利和高超報酬的關鍵，那也是避免潰敗的關鍵。

模型告訴我們什麼？

以下是我們對二〇二一年和二〇二二年的後瘟疫世界的分析摘要：

- 通貨緊縮（或強力的通膨緩和〔disinflation〕）將盛行。
- 股市還未觸底。
- 利率將進一步下跌。
- 公債將繼續大漲。
- 黃金價格將大幅攀升。
- 新冠肺炎疫情的復甦將遲緩且疲弱。
- 失業率將保持在近一〇%。
- 商業房地產將進一步下跌。
- 住宅房地產是吸引人的機會。
- 美元短期將維持強勁，二〇二二年逐漸趨軟。
- 石油將因減產和制裁而出乎意料地上漲。

以下是根據這些預測分析做的具體投資組合配置：

股票

股票還要繼續下跌。二〇二〇年四月到九月的股市上漲有幾個支持的因素，但這些因素都難以長久持續，且都與美國經濟的現實和個人的偏好無關。

這波上漲的第一個推力是程式交易的影響。演算法的設計是在聯準會寬鬆貨幣時買進股票、政府官員宣布利多消息時買進股票、跟隨動能買進股票，以及在股市拉回時買進股票。這套軟體未預期道瓊指數從二〇二〇年二月十二日的二九五五一點，跌到三月二十三日的一八五九一點——不到六週下跌三七%。不過，交易機器人知道過去十一年每次股市拉回後，都出現聯準會支持的回漲。聯準會在三月十五日的特別會議降低利率到零時，機器人看到了逢低買進的綠燈。國會通過的二兆三千億美元冠狀病毒援助、救濟和經濟安全法案（CARES）在三月二十七日簽署實施，也向機器人確認貨幣刺激將伴隨幾乎無限制的財政刺激。基本面分析和盈餘預測已成多餘，演算法看到印鈔票和赤字支出（後續還會有更多）立即把股市拉離谷底。此後進一步的貨幣和財政刺激、一套動聽的V型復甦詐術，加上純粹的動能，把大多數股票價格推升到歷始新高。股市第二個推力是過度樂觀地相信美國經濟將展開單純的V型復甦，迅速回到二〇二〇年三月崩潰前的水準。股票市場確實展開一波V型反轉，反映出多數人期待經濟也會出現類似的情況。

這種樂觀期待有三個問題：第一，沒有證據顯示可能出現V型經濟復甦。從極低水準出現溫和復甦是在意料中，但稱不上V型。截至目前的回升仍然微弱，且主要靠前所未見的赤字支出和零利率所推動。這些利多不會重複出現，利率降低到零只能一次，除非先提高利率。聯準會主席鮑爾二〇二〇年六月十日宣稱，市場應該預期二〇二二年以前不會提高利率。以目前的基準來看，進一步擴大財政赤字和繼續支應像是提高失業救濟金等計畫在政治上、甚至法律上已不可能。如果缺少這些工具，不靠消費者和企業的總需求增加將不會出現復甦，而消費者和企業目前都不願意支出。第二個問題是，即使V型復甦的鼓吹者也預期V型的右腳將略微平坦，總生產較可能是小幅回升而非迅速回到之前的水準。第三，目前的股市上漲動力來自散戶的純投機、避險基金追逐動能，以及只能跟隨指數上漲買進的指數型基金支配了市場。

問題在於這些動力違反了現實。財政刺激因為過高的債務而失效、貨幣刺激因為流通速度下降而不管用，經濟和企業盈餘將緩慢回升或停滯不前，股票市場價格和經濟現實的認知差距將擴大。由於現實不會退讓，股票價格必須下跌以與現實會合。這不會在一夜之間發生，反思現實需要時間。

當然，一些個別的產業和公司將在這波新蕭條中表現優異。我們可以預期國防類股將從軍事支出增加受益，因為在台灣海峽、南海、敘利亞、伊朗和委內瑞拉等熱點的國際緊張可能升高。美國的對手將利用在因應瘟疫中搶佔先機的優勢來測試美國，和分散對自己的瘟疫問題的注意力。天然資源股（石油、水、農業、礦業）將因供應鏈中斷和尋求替代來源促使全球爭搶必需品和商品原料而獲益。科技顯然是最不受瘟疫影響的產業，但這類股票的價格已經過高，雖然光是股市動能就可能繼續推升它們上漲，但沒有人能確定還有多少上漲空間。

隨著二〇二〇年第四季的數據發表，加上成長遲緩、破產增加、貸款拖欠、失業率居高不下和通貨緊縮的顧慮，股市將大幅下跌，而認知與現實的差距將縮小。改良後的模型預測，道瓊指數到二〇二一年年底將跌至一六〇〇〇點，標普五百指數將跌至一七五〇點，除了國防、天然資源和科技等類的一些股票表現可望超越大盤。

黃金

為什麼是黃金？

這是我經常問的問題。我同情質問者，現在的人不了解黃金不是他們的錯。經濟菁英、政策制定者、學者和央行官員已形成黃金是禁忌的共識。他們在礦業學校這麼教導，但還不敢在大學經濟系這麼教。如果你在貨幣議題中為黃金說好話，你會被貼上「黃金瘋子」、「尼安德塔人」或更糟的標籤，然後被排除在討論外。

過去不是這樣的。一九七四年，當時我是一個國際經濟學研究生。觀察家認為金本位結束於一九七一年八月十五日尼克森總統停止外國貿易夥伴以美元贖回黃金之際，但實際情況並非如此。

尼克森的宣布是一件大事，不過他原本的計畫是暫時性措施，而且在宣布時也這麼說。當時的計畫是暫停贖回，然後舉行類似布列敦森林（Bretton Woods）會議的國際貨幣會議，以貶值美元兌換黃金和其他貨幣的匯率，然後以新匯率恢復金本位制，我向兩位一九七一年做這項宣布時與尼克森在大衛營（Camp David）的顧問確認過這項計畫。近幾年我曾與許多人談話，包括政府機構律師、後來出任財政部副部長的丹姆（Kenneth Dam），和一九七一年時擔任財政部貨幣事務次長、後來成為聯準會主席的伏克爾（Paul Volcker）。他們證實停止贖回黃金原本是暫時性的，目標是以新匯價回到金本位。

尼克森的部分目標有些達成了，有些則未達成。一九七一年十二月在華盛頓特區舉行的國際會議達成了「史密森協定」（Smithsonian Agreement），美元因此從每三十五美元兌換一盎司黃金貶值成三十八美元（後來再貶值到四二．二二美元），同時美元兌德國、日本和英國等主要國家貨幣也都貶值。

但恢復真正金本位的計畫從未實現。那是國際貨幣政策史上一段混亂的時期，德國和日本在傅利曼誤導下改採浮動匯率制，傅利曼並不真正了解匯率在國際貿易和外國直接投資中扮演的角色；法國則堅持恢復真正的金本位。尼克森在一九七二年競選連任時陷入水門案醜聞，因此重回金本位的計畫遭到擱置。最後，美元貶值的部分按照計畫進行，但恢復美元兌換黃金的部分一直沒有恢復。

這場國際貨幣的角力持續了好幾年，直到一九七四年，國際貨幣基金正式宣告黃金不再是貨幣資產為止（雖然國際貨幣基金在一九七〇年代持有數千噸黃金，到今日仍持有二千八百一十四噸，為世界第三大黃金持有實體，僅次於美國和德國）。其結果是，我的研究班成為最後教導黃金是貨幣資產的一年。如果你在這一年以後學習經濟學，黃金已成為歷史，沒有大學教導它，也沒有學生學習它。因此，今日的大多數投資人不了解黃金一點也不令人意外。

但黃金並未完全從背景消失。一九七四年，福特總統簽署一項法案終止小羅斯福總統的六一〇二號行政命令。小羅斯福在一九三三年下令禁止美國公民持有黃金，使黃金變成違禁品。福特總統讓黃金再度合法化，經過四十多年後，美國人終於可以合法持有金幣和金條。官方的金本位制已經壽終正寢，但新的私人金本位也已開始。

黃金可以自由交易後經歷過多次多頭和空頭市場：這在金本位制時代未曾發生過，因為金價是固定的。兩波最大的黃金多頭市場出現在一九七一至一九八〇年（金價上漲二二〇〇％）和一九九九至二〇一一年（金價上漲七六〇％）；兩波多頭之後也出現兩波空頭市場（一九八一至一九九八年和二〇一一至二〇一五年），但長期趨勢是不容否認的。從一九七一年以後，儘管出現兩波空頭市場，金價上漲了超過五〇〇〇％，擔心金價每日波動和偶爾回檔的投資人很可能忽視這股強大的長期動能。

第三波最大的多頭市場始於二〇一五年十二月十六日，當時金價在前一波空頭市場最低跌到每盎司一〇五〇美元。此後黃金的美元價格攀升超過九〇％。這個漲幅相當可觀，但比起過去兩波多頭市場的二二〇〇％和七六〇％仍然相形見絀。這個模式顯示，金價更大的漲勢還未到來。

價格移動的時序從來都不是直線的。從二〇一五年十二月十六日到二〇一六年七月六日的初期大漲，背後的動力是擔心希拉蕊．柯林頓可能贏得二〇一六年總統大選，以及二〇一六年六月二十三日英國脫歐投票後的恐慌性買盤，之後的獲利了結和聯準會提高利率導致金價下跌。擔心希拉蕊因素消散後，金價重新漲回每盎司一三〇三美元，直到川普勝選後再度下跌。川普勝選代表股市將吸引資金，因此川普贏得二〇一六年大選的結果是金價跌回每盎司一一二五美元。

金價從二〇一七年年初到二〇一九年呈橫向盤整，反映川普和中國貿易戰的進展和風險起伏不定。二〇一九年六月二十日，金價攀漲至每盎司一三六五美元，正好是二〇一六年七月八日英國脫歐後的同一價位。這整個過程金價有高有低，但對長期投資人來說，金價橫向移動了三年。此後金價如沖天炮般上漲，到二〇二〇年八月十八日飆至每盎司二〇〇〇美元，在短短一年內漲幅達四五％。這波行情的推力是低利率、對通貨膨脹的恐懼，以及瘟疫和企業盈餘減少引發股市的隱憂。

金價未來走勢將如何？

金價主要由三個因素驅動，第一是避險買盤，也就是恐懼因素。這個因素受制於地緣政治發展、金融戰、市場崩盤，以及新瘟疫。第二個因素是利率水準，它本身是名目利率和通貨膨脹的函數。黃金沒有收益，且與等同現金的投資工具競逐投資人的資金。當實質利率較高時，現金變得更具吸引力，這對黃金的美元價格來說是利空。第三個因素由根本的供給和需求構成。黃金在這方面與其他商品相同，如果供給很充足且需求因為信心不足而疲弱，這對黃金的美元價格也是利空。在任何時間點，這三個因素可能一致或不一致。三個因素可能同時推升金價上漲，或同時壓低金價，或者三個因素的方向不同，其中一或二個因素是利空，但第三個因素卻推升金價。

恐懼因素極不穩定。在瘟疫的初期階段，恐懼是推升金價上漲的因素之一。美國在二〇二〇年四月到九月新確診數字下降和股市上漲，恐懼也趨於緩和。但這段緩和期將不會持續太久，經濟復甦疲軟、股市回檔、第二波新冠病毒感染，以及在東亞與中國的衝突結合起來，將使恐懼再度升高，進而推升金價在近期再度攀升。

實質利率一直是金價的利空，因為聯準會從二〇一五到二〇一八年採取雙管齊下的貨幣緊縮，一方面提高利率，一方面減少貨幣供給。但這已經結束。現在聯準會已把利率降至零（且將無限期保持在這個水準），而且在幾個月內讓貨幣供給翻倍（從三兆五千億美元增加到七兆美元）。實質利率的逆風已變成順風，因為即使是輕微的通貨膨脹，也會在名目利率為零的情況下製造負的實質利率。

第三個根本供給與需求的因素對金價是利多。中國、俄羅斯、伊朗、土耳其等國家一直在收購數以百萬噸計的黃金，卻沒有引發能導致市場脫序的價格衝擊。在此同時，全球的黃金生產維持穩定。從二〇一五年以來，全球黃金生產每年維持在約三千一百噸。黃金生產受限的原因是許多主要產金國（中國、澳洲、俄羅斯、美國和加拿大）的生產計畫在二〇一三年金價大跌後遭擱置。那些產能的一部分如今已經恢復，但恢復的過程曠日費時，可能需要五到七年才能取得必要的資金、許可和鑽探與開採設備，以重啟關閉的礦場和開挖新的礦場。在此同時，在需求持續強勁下，產能卻是緩不濟急。這正是金價攀升的條件。

金價要脫離近來瘟疫的盤整模式，並且翻越每盎司二〇〇〇美元的門檻將靠哪些推力？有三項推力。第一是美國在瘟疫期間大規模印鈔票以支撐投資人將導致對美元失去信心。如果央行必須以黃金作為恢復信心的參考點，金價將必須漲到每盎司一〇〇〇〇美元以上。低於此一水準的價格將迫使央行減少它們的貨幣供給以維繫平價，而這麼做將極具通膨性。

第二個推力是單純的黃金多頭市場的持續進展。若以前兩波多頭市場作為參考點，兩波的漲幅和持續期間將使金價到二〇二五年上漲到每盎司一四〇〇〇美元。前兩波多頭市場和目前的多頭市場沒有必然的關係，但它們的歷史確實提供有用的預測基準。

第三個推力是對新災難的恐慌性買盤。這可能以第二波新冠病毒疫情的形式呈現，或一檔黃金指數股票型基金倒閉或商品交易所無法履行實體黃金交割的要求，或是出乎意料的地緣政治緊張情勢。黃金市場現在還未反映任何這些事件，但不需要這三種事件同時發生才會推升金價上漲，只要任何其中一項就已足夠。這三項因素都無法排除發生的可能性。這些事件將推升金價超過每盎司二〇〇〇美元到三〇〇〇美元，然後再因為前述原因而繼續攀高。

金礦股通常跟隨金價上漲或下跌，但落後一段時間。當金價在二〇二一年上漲時，金礦股也將上漲，但股票上漲通常落後金價上漲六個月或更久，這意味金礦股到二〇二一年底將大幅攀升。金礦股投資人往往因此感到挫折，他們看到金價漲勢大幅超前，但不了解為什麼金礦股沒有跟進，然而那只是遲早的事，金礦股也被用來當作黃金的槓桿操作標的，原因是礦業本身有各種固定成本和變動成本。要創造足夠彌補固定成本的收入需要時間，但一旦能夠彌補後，增量成本和變動成本便大幅下降。市場以倍數來衡量金礦股股價所反映的經常性收入，如果金價上漲一〇〇%，金礦股股價有時候可能上漲三〇〇%（同樣的，可能有時間的落後）。

金礦股股價的動態與黃金價格的比較早已確認且不會改變，但這不表示如果黃金價格進一步上漲，金礦股必然就是贏家。各家股票的特性不盡相同，不是所有礦業公司的體質都一樣。價格上漲最重要的因素（除了金價本身外）是管理和工程專業技術，一些金礦公司有經驗豐富的團隊掌舵，有最好的管理和財務掌控；另一些公司則是烏合的投機事業，管理拙劣且有些根本是騙局。金價後市看好，但不是所有管理團隊都是好團隊，只有由高度專業和有經驗的團隊管理的金礦公司，能在未來的金價榮景中成為贏家。在這些門檻下，小型礦業公司的潛力較大，因為它們可以吸引溢價併購——大型礦業公司將發現收購小業者更容易取得黃金儲量，勝過靠自己探勘得來。

實體黃金價格將在二〇二一年年初從每盎司二〇〇〇美元漲至超過二五〇〇美元，然後到二〇二五年有可能進一步漲到每盎司一四〇〇〇美元，這表示在未來四年漲幅高達七〇〇%。經營良好的金礦公司股價在同一期間可望創造二〇〇〇%的漲幅，但時間落後於金價的波動六個月。

房地產

和實體黃金不同（黃金是一種元素，原子序為七十九，在任何時間和地方都相同），沒有兩套房地產是完全一樣的，這使得房地產估價的藝術成分多過於科學。主要的估價變數為用途（住宅或商業）、地點、營建品質、營建日期、使用情況、租金、融資成本，以及包括經濟環境和利率水準等基本因素。這能讓不同的房地產投資變得吸引人或不吸引人，取決於這些因素的混合。房地產投資沒有放諸四海皆準的公式，在這個前提下，根據我們的經濟預測，房地產市場將呈現下列的發展。

整體商業房地產市場將進一步下滑，其原因是瘟疫封鎖和新蕭條帶來的艱困環境，加上房地產產業本身獨特的因素，包括主要零售商破產、未破產零售商關閉商店、銀行收縮貸款、房客拒繳房租、續租房客普遍要求重新協商租約，以及整體的通貨緊縮趨勢。

除了這些持續存在的因素外，還有一些一次性的因素使得未來的展望更加黯淡。二〇二〇年的暴動將拖延解除封鎖後重新開張的時間，因為房客必須清理和重新裝修店面；對高檔零售店的劫掠和破壞將推升保險成本，一些零售商將選擇不繼續營業，另一些零售商將遷移到低人口密度區，導致高檔購物區空店面增加。在二〇二〇年六月二十一日，奢侈品零售商范倫鐵諾（Valentino）控告紐約第五街六九三號的房東，嘗試解除四個樓層豪華零售空間的租約。范倫鐵諾的論點是：「社會和經濟前景已大幅改變……嚴重影響了范倫鐵諾從事高檔零售事業的能力。」[5]這樁訴訟凸顯出零售商和顧客的感受轉變有多快，以及商業房地產市場仍舊身陷困境。

除了零售業的利空外，從倉儲到生產線營運的許多商業和製造業公司，將從明尼亞波利斯和紐約等暴亂頻仍的城市遷移到較安全的市郡。這將需要一段時期，所以一些建築將呈現部分閒置的狀態。

瘟疫和封鎖最明顯的結果之一是對旅遊、住宿、休閒中心和博弈業的傷害，這種傷害短期內將不會消失。重新營業將步履蹣跚，過去的產能將因為保持社交距離和其他預防措施而縮減，即使完全重新營業也無法吸引顧客蜂擁回流，因為人們對染疫的恐懼猶存和可支配所得減少。

此外，商業辦公室空間將出現一種新標準。僱主和員工對在家工作的成功都感到驚訝，儘管失去社交互動增加了一些成本，但節省主要城市高價一級辦公室空間的租金顯然更划算。企業辦公室空間的需求將普遍減少。

最後，還有一些瘟疫過後留下的問題，最顯著的例子是大型辦公室空間營運商WeWork幾近倒閉。WeWork在美國主要大城市都有黃金地段的辦公室空間，但大多數是租賃而來而非自己擁有，這些租賃的槓桿在二〇一七至二〇一九年期間接近市場最高點。對WeWork設施的需求正普遍下滑，原因是小企業房客倒閉和在家工作模式蔚為新趨勢。WeWork是紐約市最大的辦公室房東，旗下逾八十二萬平方公尺的租賃辦公室空間集中在賓夕法尼亞、雀兒喜、格拉梅西公園和華爾街區，以及其他高價地點。其他新營建計畫也在期待WeWork進駐成為主要房東下進行，包括布魯克林海軍造船廠閃耀的六層樓七十二號碼頭科技中心。這些租約現在將中止或進入拖欠程序以待WeWork重整，結果將是在最艱困的時候出現租金進一步下跌的壓力和空屋繼續增加。

包括西雅圖、明尼亞波利斯、芝加哥和紐約等城市遭到這些因素的打擊將特別嚴重；其他城市，包括鳳凰城—斯科茨代爾和華盛頓特區的情況稍好，因為它們提供較佳的替代選項和較好的經濟基本面。不變的是，地點很重要。

商業房地產將回升，但不會很快。不管長期的展望如何，除非觸底在望，否則沒有投資的道理。沒有人能預測確切的底部，但我們有足夠的資訊知道底部最快不會在二〇二一年年底前浮現。租金再協商、遷移、破產、收回租賃空間，和在家工作革命轉化成更低的價格將需要時間。這是一個值得注意的產業，這也意味投資人必須保留現金彈藥和槓桿空間以便把握機會，因耐心所獲得的報酬將勝於過早進場承接。

住宅房地產是另一回事。從都會區到郊區的遷移正要開始，反映出因應新冠病毒疫情（高人口密度地點的情況更明顯）、在家工作允許的自由程度，以及想逃避都會區的動亂，和減少警方經費導致犯罪增加的影響。理想地點的抵押貸款利率極低，加上暴動頻仍城市的高稅率，使遷移的決定更容易達成。人口趨勢也助長這個趨勢：千禧世代平均年齡在二〇二一年進入三十歲，最老的千禧世代則已接近四十歲。舊住宅的投資機會有限，但在低稅率和有好學區的非都會城鎮熱點的新住宅營建機會將創造可觀的報酬。和金礦股一樣，管理良好的營建和開發公司如果能提供這類投資機會，將能脫穎而出。亞利桑納州、德州和佛羅里達州有吸引力的地點將供不應求。而投資人也不應忽視太平洋岸西北區、落磯山脈和新英格蘭的山區和海濱地區，尤其是零個人所得稅州如華盛頓州、懷俄明州、田納西州和新罕布夏州。

總結而言，尚未觸底的商業房地產在二〇二一年年底將提供選擇性的投資機會。住宅房地產現在已是有吸引力的機會，條件是由有經驗的優秀團隊管理，和遠離舊城市的地點，以及有較低稅率和較低成本的區域。

現金

現金是投資組合中最被忽略的資產類別。這是投資人的錯誤，因為現金在未來二、三年將成為表現最好的資產類別。

現金備受輕忽的原因是它的收益率很低。這是事實，現金的收益率接近零。但這個事實忽略了幾個重點，現金的名目收益率可能是零，但實質收益率在通貨緊縮的環境中可能相當高。如果你在銀行有十萬美元，收益率是零，你的名目收益率是零；但如果我們碰上存款一年的通貨緊縮二%，那麼實質收益率就是二%。那筆現金的數目不變，但它的購買力增加了二%（因為物價下降），所以實質收益率為正二%。這個計算有點反直覺（0-（-2）=2）。在通貨緊縮的世界裡，其他資產可能有著已實現的損失，但現金的實質收益率仍能維持個位數的百分比。這是必勝的配置。

現金另一個被忽略的優點是選擇性。在做投資時，你可能賺錢或可能虧損，不管你如何重新配置資產都需要支付成本，至少得支付經紀商佣金或損失買賣方叫價的差價。如果是流動性低的投資如私募股權、房地產或避險基金，你可能幾年內不能退出。相對之下，現金沒有退出費用。如果你持有現金，你就可以靈活地在短時間內把握住別人忽視或未看到浮現的投資機會，這意味持有現金是持有全世界所有資產類別的選擇權買權。選擇性具有大多數投資人不了解的價值，但這種價值是真實的且附加於你的現金價值之上。

最後，現金降低你整體投資組合的波動性。現金的名目價值在各種外界情勢中不會改變，但實質價值可能上下起伏（一如前面已解釋過）。分散的投資組合包含波動大的資產如股票、黃金和債券，比起這些個別的資產類別，現金可降低投資組合的波動性。在功能上，現金是槓桿的相反，槓桿會提高投資組合的波動性。今日的世界波動性已經夠大了，現金可以撫平投資組合的報酬率，並協助投資人高枕無憂。

總之，現金不是一種沒有收益的資產，它在通貨緊縮中有實質的收益，它提供持有者靈活的能力，而且可以降低投資組合的波動性。它是一種有價值的三重彩（trifecta，譯注：賽馬的一種下注方式，指正確預測比賽的前三名）。

美國公債

美國公債有各種到期日，從兩年期到三十年期不等。整體而言，長天期公債提供較高的殖利率，但可能因為利率變動而有較高的波動性（稱為「存續期間」）。長天期公債在利率下降時有較大的獲利潛力，在利率上升時則可能虧損。五年到十年期公債處於甜蜜點，能提供良好的流動性、略高的收益率，和豐厚的獲利潛力。

過去十年來對公債愈來愈尖銳的批評，是利率已低到只能上揚的地步。看空者不斷提醒我們已來到史上最長的公債多頭市場的末段，正瀕臨一個新超級空頭市場。他們建議你拋售債券、反過來作空，買進股票，然後享受股票的多頭市場。

至少這是他們在二〇二〇年三月前做的事。事實上，包括著名的葛洛斯（Bill Gross）、岡雷克（Jeff Gundlach）和伊瓦森（Dan Ivascyn）等看空債券者，已證明錯得離譜。利率正在歷來最低水準，而公債的報酬率卻是史上最高。一些較不知名的看空債券者已因為他們的基金虧損和投資人出走而一蹶不振。

這些債券空頭看錯了什麼？他們不了解名目殖利率和實質殖利率間的重要差別。名目殖利率確實在過去四十年來逐步跌到相當低的水準，我們也見證了史上最大的債券多頭市場。

隨著殖利率接近零，看起來派對似乎不得不結束。但實質殖利率一點也不低，事實上它們相當高，那也是股市在二〇一八年第四季大跌、而且在二〇二〇年第一季再度崩落的原因。實質殖利率是名目殖利率（你在媒體上看到的殖利率）減去通貨膨脹率。我在一九八〇年以一三％的利率借錢，那是很高的利率嗎？一點也不。當時的通貨膨脹率是一五％，稅率則是五〇％（我的利率是免稅的），所以我的實質稅後利率是負八．五％（13×0.50-15=-8.5）。銀行支付我借的錢八．五％利息。那是低利率。今日的稅率和通貨膨脹率已降低，實質的稅後利率大約是負〇．七五％，比一九八〇年我支付的負八．五％利率高了許多。

那麼，利率可能降到比今日更低的水準嗎？答案是有可能，而且一定會。更低的利率進一步推衍就是負利率的概念，即使聯準會停止在零利率下限（zero bound）而不採取聯邦資金利率為負值的政策，十年期美國公債的市場殖利率仍可能跌為負值。原因是有正名目殖利率的公債的次級市場買家，可以提供賣家比支付利率的分離價值高的溢價。這對到期日製造出負殖利率，因為買家無法從未來的利息收回其全部的溢價，買家的溢價即賣家的資本利得。換句話說，只要有通貨緊縮的危險，和實質殖利率高到難以刺激經濟復甦，債券多頭市場還可以走很長。今日這兩個條件都佔上風，債券的多頭市場仍未結束，未來走的路可能還很長。

上面所述市場情況的整體了解、嚴格的模型和正確的預測，以及對各資產類別的研究，讓我們得以看清楚一個最佳的投資組合資產配置是既能對抗通貨緊縮，也能對抗通貨膨脹，能在持續的危機中保存財富，並在快速或遲緩的復甦假想情況中，都能提供吸引人的風險調整後報酬率。它應該像下面的例子：

- 現金　三〇%的可投資資產
- 黃金　一〇%的可投資資產
- 住宅房地產　二〇%的可投資資產
- 公債　二〇%的可投資資產
- 股票　一〇%的可投資資產
- 另類資產　一〇%的可投資資產

有幾點必須注意：首先，現金配置可能是暫時性的，它的目的是提供可選擇性，但投資人可能到二〇二二年年底才能有更清楚的視野，並想把現金轉向股票（如果復甦超過預期）、黃金（如果通貨膨脹比預期早出現），或是商用房地產。黃金和公債最接近「買進持有」的類別，黃金將在五年內上漲，因此不需要因為短期的波動而改變投資配置；同樣的，公債是典型的不對稱交易，利率可能下跌（我預期如此），但它們幾乎可以確定不會上揚（聯準會已做此承諾），所以你如果不是賺錢就是能保本，但虧損的機會很小。股票配置應偏重在自然資源、礦業、商品、能源、水資源、農業和國防。這些類股是真正反景氣循環的股票，在空頭市場會有好表現，在多頭市場也會超越大盤。房地產和黃金是通貨膨脹的避險工具，公債和現金則是通貨緊縮的避險工具。這套投資組合提供真正的分散、能保存財富、抵抗震撼，並提供實際上的獲利潛力。在瘟疫、蕭條、暴亂和全球威脅的年代，這是完美的投資組合。

結論

政府無法提振繁榮，只有創業家和風險承擔者能辦到。美國人必須駕馭對病毒的恐懼，敢於回到工作崗位……利率處於低點、汽油和過去多年來一樣便宜、通貨膨脹還在低檔。民眾已厭倦於關在家裡，他們想回到工作崗位賺錢並出去花錢。現在缺少的只是信心。[1]

——韓森（Victor Davis Hanson），市政廳網站（Townhall），2020年5月14日

新冠病毒疫情和新經濟大蕭條緊密交織，它們不只是長期以來一連串恐慌和崩盤中的又一段插曲。我們可以輕易列出一張清單，從一九二九年股市崩潰和第一次大蕭條開始，一直到一九八七年十年的股市閃崩、一九九四年龍舌蘭危機（Tequila Crisis）、一九九八年俄羅斯長期資本管理公司（LTCM）危機、二〇〇〇年網路泡沫崩盤，以及二〇〇八年全球金融危機。在這段期間世界經歷一九五七年的亞洲流感、一九六八年的香港流感，和二〇〇九年的豬流感。厭倦的觀察家可能說，市場崩盤或瘟疫都不是新鮮事，我們現在經歷的以前都發生過，沒有什麼不同之處。這一次我們也會度過難關。

錯了。病毒和經濟危機匯聚在一起就是不同，而且更糟。第一個、也是最明顯的不同是，這些危機是同時發生的；事實上，一個引發另一個，錯誤的封鎖更使情況雪上加霜。大蕭條期間未發生瘟疫、亞洲流感期間沒有市場崩盤。那些危機分別發生，而非同時發生。現在我們既有瘟疫，又陷於蕭條，且瀕臨社會動亂邊緣。這並非巧合，複雜系統的亂流可能觸發其他複雜系統的亂流。我們在二〇一一年三月日本福島看到一個被控制住的例子：地震引發海嘯，海嘯造成核子反應爐熔毀，再導致股市崩盤。四個複雜系統連續引爆，產生連鎖崩潰。類似的現象也發生於現在的瘟疫、蕭條和社會動亂，只是規模更大，而且未被控制。這個範圍和規模的不同不只是累加性的，而且是級數性的。

世界歷史有許多轉捩點。真實的轉捩點和只是一場危機的差距不在於事件本身，而是後來發生的事。一九六二年古巴飛彈危機是個轉捩點，危機後的冷戰情勢完全改觀，促成了其後數十年為了控制武器競賽而簽訂武器管制條約的年代。一九八七年股市閃崩不是一個轉捩點，除了紐約證交所引進熔斷機制外，沒有促成多大的改變。一九七三年石油禁運是轉捩點，標記了石油崛起成為地緣政治武器，以及後來成為主流的季辛吉（Henry Kissinger）石油美元標準。二〇〇八年金融危機不是轉捩點，它發生然後平息，華爾街興隆的生意很快就一如既往，繼續剪儲蓄者的羊毛和吹大資產泡沫。二〇二〇年的瘟疫加蕭條是一個轉捩點，因為我們的生活已從此改觀。它的影響將需要幾年才完全展現，但我們將無法回到過去的繁榮興旺。蕭條就是不同。

這個新轉捩點有好有壞。壞的事情已發生在四周。美國在這個雙重危機之前已深陷於兩極化，現在情況只有更加劇烈。戴口罩以避免病毒散播等問題應該交由科學界來解決，並把資訊清楚地提供給大眾。然而戴口罩已變成一個進步的象徵，因為它代表對「科學」和政府控制的尊重，而不戴口罩變成保守的象徵，因為它代表拒絕保母國家和擁抱「自由」。這個分歧延伸到更廣泛的封鎖、解除封鎖和大規模貨幣與財政刺激等公共政策的辯論。從西雅圖到亞特蘭大爆發的動亂潮，既是封鎖期間造成的社會失和症狀，也是令人擔憂的新問題。這其中不乏各種諷刺的事，當羅德島州州長下令州警拘捕掛紐約車牌的駕駛人時，那些贊成對墨西哥開放邊界的人突然拍手叫好。也許羅德島州應該建一堵牆。當然，病毒並不在乎。

好消息是，情況是如此嚴重、挑戰是如此令人畏懼，也許現在正是美國人團結一致為美國的福祉努力的時候，而不是去維護一種意識形態。第二次世界大戰中盟國的勝利有許多貢獻者，包括勇敢的士兵、大膽的領導人，和在英國與大英國協國家幾乎孤立時英國的堅定不移。但歷史學家都同意，最重要的一個原因是美國的工業化經濟。幾近社會主義者的小羅斯福在當時與福特（Henry Ford）、凱薩（Henry Kaiser）等具代表性的資本家攜手合作，製造大量船艦、飛機、坦克、炸彈和其他武器，以使美國和其盟國得以壓倒德國、義大利和日本，使我們的敵人趕不上我們。在戰爭期間，美國人團結一致，下至帶著小孩的年輕家庭主婦在後院照料勝利花園（victory gardens），規模大到農業供應商可以全力供應軍隊、政治的歧見可以留到戰爭以後再解決。合作的方法有賴於兩黨領導人擱置不滿和怨恨，但目前還看不到這種跡象。儘管如此，危機將徘徊不去，需要的妥協和忍讓可能等到最後一刻才出現。

本書討論了病毒科學、瘟疫的原因、封鎖的潰敗、蕭條的嚴重，以及因應的貨幣和財政政策很可能失敗。我們深入探究社會動亂和它將如何透過摧毀剛從碉堡出來的企業人士的信心而延長蕭條的時間。最後，本書提供具體的指引，教導讀者如何在後瘟疫世界運用混合了預測分析模型、分散化和常識的最佳方法以保存財富。它們都是今日財富經理人和銀行家很少使用的方法。

在進入美國和全球蕭條的解決對策之前，我們必須先找出問題的具體來源。美國今日最大的經濟問題是債務，美國債務的規模削弱了貨幣和財政政策的效用。貨幣政策失敗是因為債務促使美國人儲蓄而不願意支出的憂慮，它使流通速度下降，並使印鈔票無法奏效。低利率幫不上忙，因為那迫使人們做更多預防性儲蓄以達成個人目標。財政政策失敗也基於相同原因，在債務如此高的情況下，美國人預期會違約、稅率升高或通貨膨脹，這三種結果都是今日儲蓄更多以預防未來情勢惡化的理由。美國經濟已陷於流動性陷阱，而且情況比一九三〇年代發生的更嚴重，因為政府無法取代消費者——政府本身就是問題所在。

美國沒有拒絕償債的必要，因為美國仍然可以印需要的美元來償付它。加稅有助於減輕負債，但加稅可能以其他方式扼殺經濟，弊可能大於利。美國有可能藉由成長來擺脫債務（正如美國從一九四五到一九八〇年那樣），但必須有通貨膨脹才能辦到。債務是一個名目問題，而通貨膨脹可以提供名目成長，即便它無法提供實質成長，實質成長可能在名目債務獲得控制後實現。如果可以創造高於利率的通貨膨脹率（一種稱為金融壓迫的情況），債務就會逐漸消失。舉例來說，四％的通貨膨脹率和二％的利率可以在三十五年內，降低實質債務負擔一半。聯準會可以掌控利率，但對如何創造通貨膨脹卻沒有對策。

必須弄清楚的是，重點不在於「清償國家債務」。這完全不必要，美國上次零負債是在一八三七年。必要的是讓國家債務可持續（sustainable），只要債務的實質價值萎縮和債務佔GDP比率下降，就可以容許債務的名目金額增加。實質成長可以達成降低債務的目的，但在達不到實質成長的情況下，通貨膨脹和名目成長就足以辦到。

所以問題在於通貨緊縮推高債務。我們還不清楚的是擺脫困境的方法，也就是新蕭條的解決方案。兩位美國總統曾想出這種對策——小羅斯福和尼克森——他們的對策也可以用在今日。這個對策是貶值美元，不是美元對其他貨幣貶值，而是對黃金貶值。

美國在一九三三年面對銀行擠兌，且正處於歷來最嚴重的通貨緊縮末期。小羅斯福在一九三三年三月出任總統，他知道美國人囤積黃金以保存財富。只要美國人囤積黃金，他們就會減少支出——類似我們今日面對的情況，不同的是現在美國人囤積存在銀行帳戶的美元而非金條。小羅斯福以行政命令要求美國人把黃金以每盎司二〇．六七美元的固定價格賣給財政部，交換無法換回黃金的紙幣。以今日聯準會藉由收購債券挹注流動性相同的方法，小羅斯福藉由收購黃金挹注流動性。他的作法不僅止於這道行政命令，還繼續在公開市場收購黃金。當黃金在美國變得稀有後，他向外國交易商購買更多黃金，收購的黃金愈多，就挹注愈多美元進入經濟體系。小羅斯福還採取其他措施：逐步提高物價。隨著他在一九三三年十月到十二月加速購買黃金，物價也逐漸上揚。作家許萊斯（Amity Shlaes）在她的書《被遺忘的人：大蕭條新史》（*The Forgotten Man*）中描述這個故事：

一天早上，小羅斯福告訴團隊他考慮把黃金價格提高二十一美分。[2] 他的隨從問，為什麼是這個數字？「那是個幸運號碼，」小羅斯福說：「因為它是七的三倍。」正如摩根索（Hans Morgenthau）後來寫道：「如果有人知道我們是如何透過一套幸運數字的組合來制定金價的話，我想他們會嚇死。」

小羅斯福了解、而當代人不了解的是，藉由提高黃金價格，他實際上是在貶值美元。這種經濟上的轉移關係重大，而且牽一髮動全身。如果你貶值美元，黃金價格會上漲，且所有東西的價格也會跟著上漲。而那就是小羅斯福的目標，他需要藉通貨膨脹來打破通貨緊縮，獲得通貨膨脹的方法是提高黃金的美元價格。這個政策與黃金關係不大，但與美元關係很大。在一九三三年十月二十二日，小羅斯福在《爐邊談話》廣播節目中告訴美國人，他的計畫是「維持對美元的控制」。聽眾解讀小羅斯福將繼續執行他的黃金政策，小麥期貨價格在廣播結束前上漲了四〇%。小羅斯福的政策奏效，價格上漲、股價飆升，經濟復甦從此展開（雖然復甦在一九三八年再度遭到聯準會破壞）。通貨緊縮是敵人；通貨膨脹是小羅斯福的朋友，而小羅斯福在銀行和聯準會的反對下，藉由提高黃金的美元價格達成通貨膨脹。小羅斯福在一九三四年一月結束他成功的貨幣政策實驗，並立法規定黃金的固定美元價格為每盎司三十五美元，並持續到一九七一年。黃金的美元價格從一九三三年三月到十二月上漲六九・三%；以黃金的重量衡量，美元在同一期間貶值四一%。一波強大的通貨膨脹在短短九個月內被創造出來。

尼克森從一九七一年開始做同樣的事，這個過程直到一九八〇年他去職後六年才完成。尼克森面對與小羅斯福不同的問題，通貨緊縮在一九七一年不是嚴重問題，而是諾克斯堡（Fort Knox）出現黃金擠兌，因為美元的外國持有人對美元與黃金聯繫的匯制失去信心。尼克森在一九七一年八月十五日關閉黃金兌換窗口，告訴美元的外國持有人他們可以投資在美國資產，但「暫時」不能兌換美國的黃金。尼克森貶值美元並建立新黃金聯繫制的計畫和小羅斯福一樣失敗了，貿易夥伴轉換成浮動匯率制，黃金窗口從此未再開放。一九七四年，美國人被允許擁有黃金，解除了一九三三年以來的禁令。這標記了一個私人金本位而非政府金本位的新年代，小羅斯福在完成他的通貨膨脹目標後，回到一個新金本位制，其結果是把通貨膨脹的精靈關回瓶中。一九七一年後，金本位未再恢復，通貨膨脹精靈再度失控，一九七九年的通貨膨脹率高達一三．三％、一九八〇年金價漲到每盎司八〇〇美元。經歷一九八一至一九八二年高達一八％的利率和一場嚴重的衰退後，通貨膨脹精靈終於重回瓶中，此後它未再出現。

小羅斯福的黃金操作控制得宜且很成功，尼克森的黃金操作草率且完全失敗；小羅斯福刺激成長並協助美國找到擺脫蕭條的方法，尼克森則製造混亂，包括從一九七三到一九八一年瀕臨惡性通膨和發生三場衰退。這些歷史顯示干預美元—黃金的關係就像操作核子反應爐的控制棒，如果你操作正確，反應爐是有用的能源來源；如果犯一個錯誤，則可能把一切毀滅。

主張美元可以對歐元或日圓貶值是無稽之談。如果讓美元對歐元貶值，只會升高歐元匯率並導致歐洲經濟體因為出口和觀光價格上漲而受創。對日圓的情況也類似，貿易夥伴的報復只是遲早的事。貨幣戰無濟於事，它們比零和遊戲還糟，是負和遊戲（negative-sum game）。事實是，所有紙幣都同在一艘船上，它們無法同時對彼此互相貶值，這在數學上不可能辦到。如果你想同時貶值多種貨幣以製造通貨膨脹和降低債務負擔，就需要一根其他貨幣都無法對抗的客觀測量桿。這根測量桿就是黃金。

經濟學家花三個世代貶抑黃金，以致於他們忘記黃金可以成為多有用的貨幣工具。你聽到的不能結合運用金本位和自由裁量貨幣政策的謠傳是假的，美國從一九一三到一九七一年一直同時採用兩者。說金本位導致大蕭條或限制貨幣政策對策也是假的，在大蕭條期間基礎貨幣供給被允許擴大到美國黃金準備的二五〇％（黃金價格訂為每盎司二〇．六七美元），當時的貨幣供給從未超過一〇〇％。換句話說，聯準會當時可以根據既有的金本位把貨幣供給翻倍，但卻未這麼做。別怪罪黃金造成大蕭條，要怪罪聯準會。

此外，今日美元的黃金價格上漲不需要新金本位制。聯準會可以預先透露其意圖，然後以逐步提高的價格收購黃金。這是直接在公開上市上的操作，不同的是購買黃金而非公債。隨著金價上漲，美元將隨之貶值（其他貨幣也會），通貨膨脹必然隨之發生。通貨膨脹將使債務銷融，蕭條將結束，實質成長就能恢復。別屏息等待這個計畫，因為美國的央行官員完全不了解這種操作（雖然俄羅斯和中國央行官員正努力收購他們所能找到的所有黃金）。你不必等央行採取行動，你現在就能自己買黃金。如果美國決定提高黃金價格，你就贏了；如果美國不提高金價，金價仍會因為債務和對美元失去信心而上漲，你還是贏。

瘟疫終將消退，也許不像一些人預期的那麼快。更致命的第二波很可能也會來臨，但讓我們祈禱它不會來。蕭條會平復，但不會很快發生。成長將長期疲弱，失業將長期居高不下。社會生活將會恢復，但生活將從此改觀。我們將習慣它，但它不再和以前一樣。社會脫序將日益嚴重，達到美國將必須面對如何控制它的艱難選擇。可以確定的是，美國等待愈久，那些選擇將愈難決定。債務負擔將是無法輕易消失的因素。債務導致通貨緊縮，而通貨緊縮將使債務負擔更加沉重。答案是以通貨膨脹打破通貨緊縮。小羅斯福曾向我們證明如何做到這件事，他的解決方案是黃金，我們今日的解決方案也一樣。

致謝詞

本書完成所花的時間遠比我以前的書短，也許比近年來複雜程度可以類比的任何書都更短。這不表示我草率寫就或犧牲品質，我沒有。這表示我們的Portfolio內部和外部團隊合作無間，就好像我們是在得分落後的情況下，從球場後方執行最後一波兩分鐘的進攻。感謝團隊的努力，我們得分了。

我很感謝Portfolio/Penguin Random House團隊的支持，包括發行人Adrian Zackheim、編輯總監Papadopoulos，和編輯助理Kimberly Meilun。他們卓越的表現與我的事業經理人兼媒體顧問Ali Rickards、以及我的編輯William Rickards的協助相得益彰。一如以往的，如果沒有我傑出的經紀人Melissa Flashman扮演觸媒，本書將不可能誕生。

我很幸運有一個通訊員、社群媒體連絡人、同事和朋友的網絡，他們源源不斷提供我可能錯過的分析、新聞和專業研究報告。當他們知道我在寫一本書時，資訊便開始湧入，而我內心充滿感激。這個網絡包括Art Santelli、Larry White、Chris Whalen、Dave "Davos" Nolan、TraderStef、Velina Tchakarova、Maryam Zadeh、Chris Blasi、Terry Rickard、Stephen "Sarge" Guilfoyle、Ronnie Stoeferle和Mark Valek。謝謝你們。

除了我向來需要一個有優美景色的安靜地點以便思考和寫作外，在新冠疫情期間寫這本書本身也帶來挑戰，封鎖讓一切變得太安靜和太隔絕。當你在描述社會互動式微時，社會互動變得格外重要，這是何以有個大家庭是一件幸事的原因。我們可能隔離世界，但不能隔離家人。寫作像跑馬拉松，如果沒有妻子Ann、兒子Scott、媳婦Dominique和他們的孩子Thomas、Samuel、James和Pippa；女兒Ali和女婿Bob（和他們的貓咪Pliny和Leo）；以及兒子Will和媳婦Abby（和他們的小狗Ollie和Reese）的支持，我將難以堅持跑下去。他們一直陪伴我——親身陪伴或精神支持，面對面或透過視訊——並且給我抵達終點所需要的鼓勵。我愛你們。

最後，如果本書有任何錯誤，都是我的疏失。

17. Victor Davis Hanson, "Not.So. Retiring Retired Military Leaders," *National Review*, June 7, 2020, www.nationalreview.com/2020/06/not-so-retiring-retired-military-leaders/.

18. Bill Gertz, "Antifa Planned Anti-government Insurgency for Months, Law Enforcement Official Says," *Washington Times*, June 3, 2020, www.washingtontimes.com/news/2020/jun/3/antifa-planned-anti-government-insurgency-george-f/.

19. Daniel Henninger, "Progressives to Cities: Drop Dead," *Wall Street Journal*, July 22, 2020, www.wsj.com/articles/progressives-to-cities-drop-dead-11595458490.

20. Branko Milanovi., "The Real Pandemic Danger Is Social Collapse," *Foreign Affairs*, March 19, 2020, www.foreignaffairs.com/print/node/1125708.

21. James Rickards, *Aftermath: Seven Secrets of Wealth Preservation in the Coming Chaos* (New York: Portfolio, 2019), 289-91.

第六章 後瘟疫世界的投資

1. H. G. Wells, *The War of the Worlds* (1898; repr., New York: Signet Classics, 2007), 38.

2. Wells, *War of the Worlds*, 184-85.

3. Gregory Zuckerman and Mischa Frankl-Duval, " Individuals Roll the Dice on Stocks as Veterans Fret," *Wall Street Journal*, June 9, 2020, www.wsj.com/articles/individuals-roll-the-dice-on-stocks-as-veterans-fret-11591732784.

4. 參考Graham Allison, *Destined for War: Can America and China Escape Thucydides's Trap?* (Boston: Mariner Books, 2018)。

5. Priscilla DeGregory, "Valentino Sues NYC Landlord to Get Out of 5th Ave Lease Amid Pandemic," *New York Post*, June 22, 2020, https://nypost.com/2020/06/22/valentino-sues-nyc-landlord-to-get-out-of-5th-ave-lease/.

結論

1. Victor Davis Hanson, "Losing Our Fears, in War and Plague," Townhall, May 14, 2020, https://townhall.com/columnists/victordavishanson/2020/05/14/losing-our-fears-in-war-and-plague-n2568733.

2. Amity Shlaes, *The Forgotten Man: A New History of the Great Depression* (New York: Harper Perennial, 2008), 148.

4. Spinney, *Pale Rider*, and Catharine Arnold, *Pandemic 1918* (New York: St. Martin's Griffin, 2018).
5. Arnold, *Pandemic* 1918, 13.
6. Arnold, *Pandemic* 1918, 13.
7. John M. Barry, *The Great Influenza: The Story of the Deadliest Pandemic in History* (New York: Penguin, 2018), 378-88.
8. Karl A. Menninger, "Influenza and Schizophrenia: An Analysis of Post-influenzal 'Dementia Precox,' as of 1918 and Five Years Later," *American Journal of Psychiatry* 5, no. 4 (April 1926): 469, https://ajp.psychiatryonline.org/doi/pdf/10.1176/ajp.82.4.469.
9. Spinney, *Pale Rider*, 265.
10. Neo Poyiadji et al., "COVID-19-Associated Acute Hemorrhagic Necrotizing Encephalopathy: CT and MRI Features," *Radiology*, March 31, 2020, https://pubs.rsna.org/doi/10.1148/radiol.2020201187.
11. Eugene Rubin, "Effects of COVID-19 on the Brain," *Psychology Today*, April 30, 2020, www.psychologytoday.com/us/blog/demystifying-psychiatry/202004/effects-covid-19-the-brain.
12. Nicole LaNeve, editor, "Drug and Alcohol Use Increase During COVID-19," Recovery Village, May 29, 2020, www.therecoveryvillage.com/drug-addiction/news/drug-alcohol-use-rising-during-covid/.
13. Sarah L. Hagerty and Leanne M. Williams, "The Impact of COVID-19 on Mental Health: The Interactive Roles of Brain Biotypes and Human Connection," *Brain, Behavior, & Immunity-Health* 5 (May 2020), www.ncbi.nlm.nih.gov/pmc/articles/PMC7204757/.
14. Christine Vestal, "Fear, Isolation, Depression: The Mental Health Fallout of a Worldwide Pandemic," Stateline, Pew Charitable Trusts, May 12, 2020, www.pewtrusts.org/en/research-and-analysis/blogs/stateline/2020/05/12/fear-isolation-depression-the-mental-health-fallout-of-a-worldwide-pandemic.
15. 想綜覽新型冠狀病毒影響神經系統此領域的研究，請參考Megan Molteni, "What Does Covid.19 Do to Your Brain?" *Wired*, April 15, 2020, www.wired.com/story/what-does-covid-19-do-to-your-brain/。
16. Raphael Satter, "To Keep COVID-19 Patients Home, Some U.S. States Weigh House Arrest Tech," *Reuters*, May 7, 2020, www.reuters.com/article/us.health-coronavirus-quarantine-tech/to-keep-covid-19-patients-home-some-u-s-states-weigh-house-arrest-tech-idUSKBN22J1U8.

of Pandemics" (Federal Reserve Bank of San Francisco Working Paper 2020.09, June 2020), www.frbsf.org/economic-research/files/wp2020-09.pdf.

第四章 債務和通貨緊縮導致復甦出軌

1. Sebastian Mallaby, "The Age of Magic Money," *Foreign Affairs*, July/August 2020, https://www.foreignaffairs.com/articles/united-states/2020-05-29/pandemic-financial-crisis.
2. Stephanie Kelton, *The Deficit Myth: Modern Monetary Theory and the Birth of the People's Economy* (New York: Public Affairs, 2020).
3. Georg Friedrich Knapp, *The State Theory of Money* (1924; repr., Eastford, CT: Martino Fine Books, 2013).
4. Kelton, *Deficit Myth*, 161.
5. Stephanie Kelton, "Learn to Love Trillion-Dollar Deficits," *New York Times*, June 9, 2020, www.nytimes.com/2020/06/09/opinion/us-deficit-coronavirus.html.
6. Kelsey Snell, "Here's How Much Congress Has Approved for Coronavirus Relief So Far and What It's For," NPR, May 15, 2020, www.npr.org/2020/05/15/854774681/congress-has-approved-3-trillion-for-coronavirus-relief-so-far-heres-a-breakdown.
7. John Maynard Keynes, *The General Theory of Employment, Interest, and Money* (1936; repr., New York: Harcourt, 1964).
8. Carmen Reinhart and Kenneth Rogoff, "Debt and Growth Revisited," VOX CEPR Policy Portal, August 11, 2010, https://voxeu.org/article/debt-and-growth-revisited.

第五章 文明的虛有其表

1. Katherine Anne Porter, *Collected Stories and Other Writings* (New York: The Library of America, 2008), 282.
2. *Collected Stories and Other Writings*, 321.
3. 想了解更多有關西班牙流感影響當代藝術和文學的討論，請參考Laura Spinney, *Pale Rider: The Spanish Flu of 1918 and How It Changed the World* (New York: Public Affairs, 2017), 261-71。也參考 Patricia Clifford, "Why Did So Few Novels Tackle the 1918 Pandemic?" *Smithsonian*, November 2017, www.smithsonianmag.com/arts-culture/flu-novels-great-pandemic-180965205/。

com/2020/05/15/these-companies-have-filed-for-bankruptcy-since-the-coronavirus-pandemic.html.

4. "Determination of the February 2020 Peak in U.S. Economic Activity," *National Bureau of Economic Research*, June 8, 2020, www.nber.org/cycles/june2020.html.

5. "Sharpest Monthly Contraction in World Trade on Record," *Capital Economics*, June 25, 2020, www.capitaleco nomics.com/clients/publications/global-economics/global-trade-monitor/sharpest-monthly-contraction-in-world-trade-on-record/.

6. Martin Crutsinger, "IMF Downgrades Outlook for Global Economy in Face of Virus," Associated Press, June 24, 2020, https://apnews.com/2be55cbdf80ca8049655570c6f756027.

7. Dana Rubinstein and Christina Goldbaum, "Pandemic May Force New York City to Lay Off 22,000 Workers," *New York Times*, June 24, 2020, www.nytimes.com/2020/06/24/nyregion/budget-layoffs-nyc-mta-coronavirus.html.

8. *Agence France-Presse*, July 18, 2020, www.france24.com/en/20200718-barcelona-back-under-lockdown-as-virus-cases-surge.

9. Andrew Van Dam, "If a business is still closed at this point in the crisis, it's probably permanent," *Washington Post*, July 23, 2020, https://www.washingtonpost.com/business/2020/07/23/permanent-business-closures-yelp/.

10. Patrick McGeehan, "A Million Jobs Lost: A 'Heart Attack' for the N.Y.C. Economy," *New York Times*, July 7, 2020, https://www.nytimes.com/2020/07/07/nyregion/nyc-unemployment.html.

11. "A Call for Action and Collaboration," Partnership for New York City, July 2020, https://pfnyc.org/research/a-call-for-action-and collaboration/.

12. Kimberly Amadeo, "U.S. GDP by Year Compared to Recessions and Events," The Balance, March 13, 2020, www.thebalance.com/us.gdp.by.year-3305543; and "Annual Gross Domestic Product and Real GDP in the United States from 1930 to 2020," Statista, June 2, 2020, www.statista.com/statistics/1031678/gdp-and-real-gdp-united-states-1930-2019/.

13. "UCLA Anderson Forecast Says U.S. Economy Is in 'Depression-Like Crisis' and Will Not Return to Pre-recession Peak Until 2023," UCLA Anderson Forecast, June 24, 2020, www.prnewswire.com/news-releases/ucla-anderson-forecast-says-us-economy-is-in-depression-like-crisis-and-will-not-return-to-pre-recession-peak-until-2023-301082577.html.

14. Òscar Jordà, Sanjay R. Singh, and Alan M. Taylor, "Longer-Run Economic Consequences

21. Robert J. Glass et al., "Targeted Social Distancing Designs for Pandemic Influenza," *Emerging Infectious Diseases* 12, no. 11 (November 2006): 1671-81, https://www.cdc.gov/eid/article/12/11/06-0255_article.

22. "Coronavirus: Prof. Neil Ferguson Quits Government Role After 'Undermining' Lockdown," BBC News, May 6, 2020, www.bbc.com/news/uk-politics-52553229.

23. Centers for Disease Control and Prevention, "Interim Pre-pandemic Planning Guidance: Community Strategy for Pandemic Influenza Mitigation in the United States-Early, Targeted, Layered Use of Nonpharmaceutical Interventions," February 2007, www.cdc.gov/flu/pandemic-resources/pdf/community_mitigation-sm.pdf.

24. Eric Lipton and Jennifer Steinhauer, "The Untold Story of the Birth of Social Distancing," *New York Times*, April 22, 2020 www.nytimes.com/2020/04/22/us/politics/social-distancing-coronavirus.html.

25. Noreen Qualls et al., "Community Mitigation Guidelines to Prevent Pandemic Influenza-United States, 2017," *Morbidity and Mortality Weekly Report* 66, no. 1 (April 21, 2017): 1-34, www.cdc.gov/mmwr/volumes/66/rr/rr6601a1.htm.

26. Centers for Disease Control and Prevention, "Frequently Asked Questions: Pandemic Flu and the Updated Community Mitigation Guidelines," August 3, 2017, www.cdc.gov/nonpharmaceutical-interventions/tools-resources/faq-pandemic-flu.html.

27. Thomas V. Inglesby et al., "Disease Mitigation Measures in the Control of Pandemic Influenza," *Biosecurity and Bioterrorism: Biodefense Strategy, Practice, and Science* 4, no. 4 (2006), https://pubmed.ncbi.nlm.nih.gov/17238820/.

28. Laura Spinney, *Pale Rider: The Spanish Flu of 1918 and How It Changed the World* (New York: Public Affairs, 2017): 281-84.

第三章 下一波經濟大蕭條

1. Mohamed A. El.Erian, "Wall Street Is Flourishing While Main Street Is Suffering," *Foreign Policy*, May 29, 2020, https://foreign policy.com/2020/05/29/stock-market-rally-coronavirus-pandemic/.

2. Bernadette Hogan, "Almost 90 Percent of NYC Bars and Restaurants Couldn't Pay August Rent," *New York Post*, September 21, 2020, https://nypost.com/2020/09/21/almost-90-percent-of-nyc-bars-and-restaurants-couldnt-pay-august-rent/.

3. Hannah Miller and Christina Cheddar Berk, "JC Penney Could Join a Growing List of Bankruptcies During the Coronavirus Pandemic," CNBC, May 15, 2020, www.cnbc.

11. Jo Kahn, "We've Never Made a Successful Vaccine for a Coronavirus Before. This Is Why It's so Difficult," ABC News, April 16, 2020, www.abc.net.au/news/health/2020-04-17/coronavirus-vaccine-ian-frazer/12146616.

12. Quan-Xin Long et al., "Clinical and immunological assessment of asymptomatic SARS-CoV-2 infections," *Nature Medicine*, June 18, 2020, https://doi.org/10.1038/s41591-020-0965-6, and Marina Pollan et al., "Prevalence of SARS-CoV-2 in Spain (ENE-COVID): A Nationwide, Population-Based Seroepidemiological Study," July 6, 2020, www.thelancet.com/journals/lancet/article/PIIS0140-6736(20)31483-5/fulltext.

13. Adam Payne, "Coronavirus Herd Immunity May Be 'Unachievable' After Study Suggests Antibodies Disappear After Weeks in Some People," *Business Insider*, July 7, 2020, www.businessinsider.com/coronavirus-antibodies-study-herd-immunity-unachievable-spain-2020-7.

14. 參考Centers for Disease Control and Prevention, " COVID-19 Pandemic Planning Scenarios," updated July 10, 2020, www.cdc.gov/coronavirus/2019-ncov/hcp/planning-scenarios.html。

15. Rabail Chaudhry et al., "A country level analysis measuring the impact of government actions, country preparedness and socioeconomic factors on COVID-19 mortality and related health outcomes," *EClinicalMedicine* published by *The Lancet*, July 21, 2020, https://www.thelancet.com/journals/eclinm/article/PIIS2589-5370(20)30208-X/fulltext.

16. Audrey Redford and Thomas K. Duncan, "Drugs, Suicide and Crime: Empirical Estimates of the Human Toll of the Shutdown," American Institute for Economic Research, March 28, 2020, www.aier.org/article/drugs-suicide-and-crime-empirical-estimates-of-the-human-toll-of-the-shut-down/.

17. Andrew Mark Miller, "California Doctors Say They've seen More Deaths from Suicide Than Coronavirus Since Lockdowns," *Washington Examiner*, May 21, 2020, www.washingtonexaminer.com/news/california-doctors-say-theyve-seen-more-deaths-from-suicide-than-coronavirus-since-lockdowns.

18. Alexandra Kelley, "Fauci: Why the Public Wasn't Told to Wear Masks When the Coronavirus Pandemic Began," The Hill, June 16, 2020, https://thehill.com/changing-america/well-being/prevention-cures/502890-fauci-why-the-public-wasnt-told-to-wear-masks.

19. Lisa Lerer, " 'It's a Pandemic, Stupid,' " *New York Times*, June 25, 2020, www.nytimes.com/2020/06/25/us/politics/tom-frieden-coronavirus.html.

20. Paul Krugman, "How Many Will Die for the Dow?" *New York Times*, May 21, 2020, www.nytimes.com/2020/05/21/opinion/trump-coronavirus-dow.html.

42. Fu Ying, "Shape Global Narratives for Telling China's Stories," *China Daily*, April 4, 2020, https://global.chinadaily.com.cn/a/202004/21/WS5e9e313ba3105d50a3d178ab.html.

第二章 一百天：封鎖記事

1. Walter Scheidel, "The Spanish Flu Didn't Wreck the Global Economy," *Foreign Affairs*, May 28, 2020, https://www.foreignaffairs.com/articles/united-states/2020-05-28/spanish-flu-didnt-wreck-global-economy.
2. 參考Centers for Disease Control and Prevention, "Travelers Prohibited from Entry to the United States," updated June 15, 2020, www.cdc.gov/coronavirus/2019-ncov/travelers/from-other-countries.html。
3. Michael J. Reitz, "What's Wrong with Gov. Whitmer's Stay.at.Home Order," Mackinac Center for Public Policy, April 15, 2020, www.mackinac.org/whats-wrong-with-gov-whitmers-stay-at-home-order.
4. New York State Department of Health, "Advisory: Hospital Discharges and Admissions to Nursing Homes," March 25, 2020, http://www.hurlbutcare.com/images/NYSDOH_Notice.pdf.
5. New York State Department of Health, "Advisory: Hospital Discharges and Admissions to ACFs," April 7, 2020, https://coronavirus.health.ny.gov/system/files/documents/2020/04/doh_covid19_acfreturnofpositiveresidents_040720.pdf.
6. Bernard Condon, Jennifer Peltz, and Jim Mustian, "AP count: Over 4,500 Virus Patients Sent to NY Nursing Homes," ABC News, May 22, 2020, https://abcnews.go.com/Health/wireStory/ap-count-4300-virus-patients-ny-nursing-homes-70825470.
7. John M. Barry, *The Great Influenza: The Story of the Deadliest Pandemic in History* (New York: Penguin Books, 2018), 358-59.
8. Helen Branswell, "Why 'Flattening the Curve' May Be the World's Best Bet to Slow the Coronavirus," Stat, March 11, 2020, www.statnews.com/2020/03/11/flattening-curve-coronavirus/.
9. Barry, *Great Influenza*, 460-61.
10. Hoover Institution, "Dr. Jay Bhattacharya: His New MLB COVID-19 Study and the Dilemma of the Lockdown," Uncommon Knowledge with Peter Robinson, May 11, 2020, www.youtube.com/watch?v=289NWm85eas&feature=youtu.be.

www.thelancet.com/journals/lancet/article/PIIS0140-6736(20)30183-5/fulltext#fig1.

33. Gu Liping, "Official: Wuhan Seafood Market May Be the Victim of Coronavirus," Ecns.com, May 26, 2020, http://www.ecns.cn/news/politics/2020.05.26/detail-ifzwqsxz6424882.shtml.

34. Kristian G. Andersen et al., "The Proximal Origin of SARS-CoV.2," *Nature Medicine* 26 (April 2020): 450, www.nature.com/articles/s41591-020-0820-9.pdf.

35. Bill Gertz, "Coronavirus Origins in Lab Not Ruled Out by Scientific Studies," *Washington Times*, April 21, 2020, www.washingtontimes.com/news/2020/apr/20/coronavirus-origins-lab-not-ruled-out-scientific-s/.

36. Sharri Markson, "Coronavirus May Have Been a 'Cell-Culture Experiment' Gone Wrong," Sky News, May 24, 2020, www.skynews.com.au/details/_6158843835001.

37. B. Sørensen, A. Susrud, and A. G. Dalgleish, " Biovacc.19: A Candidate Vaccine for Covid-19 (SARS-CoV-2) Developed from Analysis of Its General Method of Action for Infectivity," *Quarterly Review of Biophysics*, May 28, 2020, www.cambridge.org/core/services/aop-cambridge-core/content/view/DBBC0FA6E3763B0067CAAD8F3363E527/S2633289220000083a.pdf/biovacc19_a_candidate_vaccine_for_covid19_sarscov2_developed_from_analysis_of_its_general_method_of_action_for_infectivity.pdf.

38. David Nikel, "Controversial Coronavirus Lab Origin Claims Dismissed by Experts," *Forbes*, June 7, 2020, www.forbes.com/sites/davidnikel/2020/06/07/norway-scientist-claims-report-proves-coronavirus-was-lab-made/#7769e43c121d.

39. Li-Meng Yan et. al., "Unusual Features of the SARS-CoV-2 Genome Suggesting Sophisticated Laboratory Modification Rather Than Natural Evolution and Delineation of Its Probable Synthetic Route," Rule of Law Society & Rule of Law Foundation, *Zenodo*, September 14, 2020, https://zenodo.org/record/4028830#.X21UKi2ZN-j.閆麗夢博士提出的致命的基因改造病毒可能被實際執行，相關細節請參考Richard Preston, *The Demon in the Freezer* (New York: Random House, 2002)。

40. Sharri Markson, "Coronavirus NSW: Dossier Lays Out Case Against China Bat Virus Program," *Daily Telegraph*, May 3, 2020, www.dailytelegraph.com.au/coronavirus/bombshell-dossier-lays-out-case-against-chinese-bat-virus-program/news-story/55add857058731c9c71c0e96ad17da60.

41. Minnie Chan and William Zheng, "Meet the Major General on China's Coronavirus Scientific Front Line," *South China Morning Post*, March 3, 2020, www.scmp.com/news/china/military/article/3064677/meet-major-general-chinas-coronavirus-scientific-front-line?mod=article_inline.

22. Rachael Rettner, "Coronavirus Outbreak Is 'Public Health Emergency of International Concern,' WHO Declares," Live Science, January 30, 2020, www.livescience.com/who-coronavirus-outbreak-emergency-international-concern.html.

23. "Coronavirus: US to Halt Funding to WHO, Says Trump," BBC News, April 15, 2020, www.bbc.com/news/world-us-canada-52289056.

24. Tom Howell and Dave Boyer, "Trump Pulls U.S. Out of World Health Organization, Slaps Penalties on China over Hong Kong Action," *Washington Times*, May 29, 2020, www.washingtontimes.com/news/2020/may/29/trump-pulls-us-out-world-health-organization-slaps/.

25. Robert G. Webster, "Wet Markets-a Continuing Source of Severe Acute Respiratory Syndrome and Influenza?" *The Lancet* 363, no. 9404 (January 17, 2004): 234-36, www.ncbi.nlm.nih.gov/pmc/articles/PMC7112390/.

26. Shi Zehngli.Li et al., "A SARS-like Cluster of Circulating Bat Coronaviruses Shows Potential for Human Emergence," *Nature Medicine* 21, no. 12 (November 9, 2015): 1508-13, www.ncbi.nlm.nih.gov/pmc/articles/PMC4797993/.

27. Declan Butler, "Engineered Bat Virus Stirs Debate over Risky Research," *Nature*, November 12, 2015, www.nature.com/news/engineered-bat-virus-stirs-debate-over-risky-research-1.18787.

28. Josh Rogin, "State Department Cables Warned of Safety Issues at Wuhan Lab Studying Bat Coronaviruses," *Washington Post*, April 14, 2020, www.washingtonpost.com/opinions/2020/04/14/state-department-cables-warned-safety-issues-wuhan-lab-studying-bat-coronaviruses/.

29. Lee Brown, "Wuhan Lab Admits to Having Three Live Strains of Bat Coronavirus on Site," *New York Post*, May 24, 2020, https://nypost.com/2020/05/24/wuhan-lab-admits-to-having-three-live-strains-of-bat-coronavirus/.

30. David Ignatius, "How Did Covid.19 Begin? Its Initial Origin Story Is Shaky," *Washington Post*, April 2, 2020, www.washingtonpost.com/opinions/global-opinions/how-did-covid-19-begin-its-initial-origin-story-is-shaky/2020/04/02/1475d488-7521-11ea-87da-77a8136c1a6d_story.html.

31. Tom Cotton, "Coronavirus and the Laboratories in Wuhan," *Wall Street Journal*, April 21, 2020, www.wsj.com/articles/coronavirus-and-the-laboratories-in-wuhan-11587486996.

32. Chaolin Huang et al., "Clinical Features of Patients Infected with 2019 Novel Coronavirus in Wuhan, China," *The Lancet* 395, no. 10223 (January 24, 2020): 497-506,

11. Moore et al., "Future of the COVID-19 Pandemic," 3.

12. Roy M. Anderson et al., "How Will Country- Based Mitigation Measures Influence the Course of the COVID.19 Epidemic?" *The Lancet* 395, no. 10228 (March 21- 27, 2020): 395.

13. 參考Moore et al., "Future of the COVID-19 Pandemic," 6。

14. 參考Marina Medvin, "Israeli Professor Shows Virus Follows Fixed Pattern," Townhall, April 15, 2020, https://townhall.com/colum nists/marinamedvin/2020/04/15/israeli-professor-shows-virus-follows-fixed-pattern-n2566915; and Isaac Ben-Israel, "The End of Exponential Growth: The Decline in the Spread of Coronavirus," *Times of Israel*, April 19, 2020, www.timesofisrael.com/the-end.of.exponential-growth-the-decline-in-the-spread-of-coronavirus/。

15. Sheri Fink, "Hospitals Move into Next Phase as New York Passes Viral Pcak," *New York Times*, May 20, 2020, www.nytimes.com/2020/05/20/nyregion/hospitals-coronavirus-cases-decline.html.

16. Lizhou Zhang et al., "The DG614G Mutation in the SARS- CoV.2 Spike Protein Reduces SI Shedding and Increases Infectivity," bioRxiv (preprint, not peer reviewed), June 12, 2020, www.biorxiv.org/content/10.1101/2020.06.12.148726v1.full.

17. Sarah Kaplan and Joel Achenbach, "This Coronavirus Mutation Has Taken Over the World. Scientists Are Trying to Understand Why," *Washington Post*, June 29, 2020, www.washingtonpost.com/science/2020/06/29/coronavirus-mutation-science/.

18. 有關中國嘗試壓制新冠病毒疫情爆發、摧毀新冠病毒可能來源的證據、懲罰和恫嚇嘗試正確報導新型冠狀病毒散播的人，以及拒絕與外界專家合作的綜述，請參考"The Origins of the COVID-19 Global Pandemic, Including thc Roles of the Chinese Communist Party and the World Health Organization," House Foreign Affairs Committee Minority Staff Interim Report, June 12, 2020, www.hsdl.org/?view&did=840477。

19. Stephanie Hegarty, "The Chinese Doctor Who Tried to Warn Others About Coronavirus," BBC News, February 6, 2020, www.bbc.com/news/world-asia-china-51364382.

20. William Davis, "How China's Coronavirus Cover.Up Happened," Daily Caller, April 19, 2020, https://dailycaller.com/2020/04/19/coronavirus-china-activities-timeline-trump-cover-up/.

21. Kieran Corcoran, "An Infamous WHO Tweet Saying There Was 'No Clear Evidence' COVID-19 Could Spread Between Humans Was Posted for 'Balance' to Reflect Findings from China," Business Insider, April 18, 2020, www.businessinsider.com/who-no-transmission-coronavirus-tweet-was-to-appease-china-guardian-2020-4.

2. Hannah Hagemann, "U.K. 's Boris Johnson Says His Battle with Coronavirus 'Could Have Gone Either Way,' " NPR, May 3, 2020, www.npr.org/sections/coronavirus-live-updates/2020/05/03/849770082/u.k.s.boris-johnson-says-his-battle-with-coronavirus-could-have-gone-either-way.

3. Sharon Begley, "New Analysis Recommends Less Reliance on Ventilators to Treat Coronavirus Patients," STAT, April 21, 2020, www.statnews.com/2020/04/21/coronavirus-analysis-recommends-less-reliance.on.ventilators/; and Arjen M. Dondorp et al., "Respiratory Support in Novel Coronavirus Disease (COVID.19) Patients, with a Focus on Resource-Limited Settings," *American Journal of Tropical Medicine and Hygiene* 102, no. 6 (June 3, 2020): 1191- 97, www.ajtmh.org/content/journals/10.4269/ajtmh.20-0283.

4. Betsey McKay and Daniela Hernandez, "Coronavirus Hijacks the Body from Head to Toe, Perplexing Doctors," *Wall Street Journal*, May 7, 2020, www.wsj.com/articles/coronavirus-hijacks-the-body-from-head.to.toe-perplexing-doctors-11588864248.

5. Bill Gertz, "Wuhan lab 'most likely' coronavirus source, U.S. government analysis finds," *The Washington Times*, April 28, 2020, www.washingtontimes.com/news/2020/apr/28/wuhan-laboratory-most-likely-coronavirus-source.us/.

6. Josephine Ma, "Coronavirus: China's First Confirmed Covid.19 Case Traced Back to November 17," *South China Morning Post*, March 13, 2020, www.scmp.com/news/china/society/article/3074991/coronavirus-chinas-first-confirmed-covid.19.case-traced-back.

7. 除非特別說明，本章所有每日確診案例和死亡人數的數據來自"COVID-19 Dashboard by the Center for Systems Science and Engineering (CSSE) at Johns Hopkins University (JHU)," https://gisanddata.maps.arcgis.com/apps/opsdashboard/index.html#/bda7594740fd40299423467b48e9ecf6。

8. Derek Scissors, "Estimating the True Number of China's COVID.19 Cases," American Enterprise Institute, April 2020, www.aei.org/wp.content/uploads/2020/04/Estimating-the-True-Number.of.Chinas-COVID.19.Cases.pdf.

9. Steve Watson, "US Intel Officials Believe 45,000 Corpses Were Incinerated in One Fortnight in Wuhan," Summit News, April 28, 2020, https://summit.news/2020/04/28/us-intel-officials-believe-45500-corpses-were-incinerated-in-one-fortnight-in-wuhan/.

10. 參考Kristine A. Moore et al., "The Future of the COVID.19 Pandemic: Lessons Learned from Pandemic Influenza," Center for Infectious Disease Research and Policy, University of Minnesota, April 30, 2020, www.cidrap.umn.edu/sites/default/files/public/downloads/cidrap-covid19-viewpoint-part1_0.pdf。

註解

前言

1. Arundhati Roy, "The Pandemic Is a Portal," *Financial Times*, April 3, 2020, www.ft.com/content/10d8f5e8-74eb-11ea-95fe-fcd274e920ca.

2. "There Is Nothing Unprecedented About the Virus Itself," *Spiked*, May 11, 2020, www.spiked-online.com/2020/05/11/there.is.nothing-unprecedented-about-the-virus-itself/.

3. 這種病毒的技術名稱是SARS-CoV.2，而該病毒導致的疾病技術名稱是COVID-19。這些名稱的意義，以及如何為一種病毒和它導致的疾病命名，根據世界衛生組織的解釋："Naming the Coronavirus Disease (COVID.19) and the Virus That Causes It," no date, www.who.int/emergencies/diseases/novel-coronavirus-2019/technical-guidance/naming-the-coronavirus-disease-(covid-2019)-and-the-virus-that-causes.it。

4. 參考John M. Barry, *The Great Influenza: The Story of the Deadliest Pandemic in History* (New York: Penguin Books, 2018), chapter 7中對本敘述依據的病毒組成和行為的深入討論。

5. Barry, *Great Influenza*, 98-99.

6. John Maynard Keynes, *The General Theory of Employment, Interest, and Money* (New York: Harvest/ Harcourt, 1964), 249.

7. 參考Sino Biological, "Hong Kong Flu (1968 Influenza Pandemic)," no date, www.sinobiological.com/research/virus/1968-influenza-pandemic-hong-kong-flu; and Eric Spitznagel, "Why American Life Went On as Normal During the Killer Pandemic of 1969," *New York Post*, May 16, 2020, https://nypost.com/2020/05/16/why-life-went.on.as.normal-during-the-killer-pandemic.of.1969/。

第一章 新病毒：從中國到你附近的小鎮

1. John M. Barry, *The Great Influenza: The Story of the Deadliest Pandemic in History*, (New York: Penguin Books, 2018), 262.

全球視野
打造財富方舟：疫情衝擊後的世界經濟脈動全面解析，
把握關鍵機遇，你就是贏家!

2022年1月初版 定價：新臺幣380元

著者	James Rickards
譯者	吳國卿
叢書編輯	陳冠豪
校對	鄭碧君
內文排版	林婕瀅
封面設計	兒日

出版者	聯經出版事業股份有限公司	副總編輯	陳逸華
地址	新北市汐止區大同路一段369號1樓	總編輯	涂豐恩
叢書編輯電話	(02)86925588轉5315	總經理	陳芝宇
台北聯經書房	台北市新生南路三段94號	社長	羅國俊
電話	(02)23620308	發行人	林載爵
台中分公司	台中市北區崇德路一段198號		
暨門市電話	(04)22312023		
台中電子信箱	e-mail：linking2@ms42.hinet.net		
郵政劃撥	帳戶第0100559-3號		
郵撥電話	(02)23620308		
印刷者	文聯彩色製版印刷有限公司		
總經銷	聯合發行股份有限公司		
發行所	新北市新店區寶橋路235巷6弄6號2樓		
電話	(02)29178022		

行政院新聞局出版事業登記證局版臺業字第0130號

本書如有缺頁，破損，倒裝請寄回台北聯經書房更換。 ISBN 978-957-08-6164-8 (平裝)
聯經網址：www.linkingbooks.com.tw
電子信箱：linking@udngroup.com

國家圖書館出版品預行編目資料

打造財富方舟：疫情衝擊後的世界經濟脈動全面解析，
把握關鍵機遇，你就是贏家!/ James Rickards著．吳國卿譯．初版．
新北市．聯經．2022年1月．232面．14.8×21公分（全球視野）
譯自：The new great depression: winners and losers in a post-pandemic world.
ISBN 978-957-08-6164-8（平裝）

1.國際經濟 2.經濟情勢 3.貨幣政策 4.金融危機

552.1 110021267